鼓鑄群材備請纓

——悠悠歲月裡的紅藍兒女

蘇美智　著

你要謹守聽從我所吩咐的一切話，

行耶和華——你神眼中看為善，

看為正的事，這樣，

你和你的子孫就可以永遠幸福。

申命記12章28節

序言

我跟很多培正人一樣，打從三、四歲便加入這個大家庭，一晃眼 14 年，告別校園時已是 18 歲的成人，人生中最精彩、最關鍵、影響最深的歲月，都在培正道上度過。我們成長、跌倒、爬起，我們迷失、尋找、發現，那段跟師友交織互動的青葱歲月，是我們一生一世都不會忘懷的。培正給予我們信仰、人生價值觀、細水長流的情誼，教懂我們安身立命。對我們來說，培正不只是一個校園、一幢幢的建築物、一個學習讀書考試的地方，培正是一個家，是血脈相連的母親，是不折不扣的母校。那種血濃於水的感覺，意在言外，非筆墨可以形容。

於是，我們決定用人物訪問的形式，嘗試探究培正人是怎樣煉成的。培正對他們的人生帶來了哪些可一不可再的影響？他們對母校又有怎樣的情懷？這次好不容易，邀請了 12 位不同年代的培正人接受訪問，有學者、科學家、醫生、作家、藝術家、商界領袖、社會企業家，甚至魔術師，他們都成就非凡，各擅勝場，但始終心繫培正，念念不忘紅藍兒女的身份。細讀此書，像看了 12 齣紀錄片、12 個劇本，又像聽了 12 首命運交響樂。這些有血有肉有笑有淚的故事，既是培正人的寫照，也是很多代香港人的歷史。

順帶一提，作者蘇美智是我在香港中文大學唸新聞與傳播系時的同班同學。她專注學業，我則沉迷戲劇，所以當年在中大的交往並不多，倒是因為這次機緣，我們頻頻見面，除了驚覺時光飛逝，更對美智的專業精神和能力深深折服。在此特別感謝美智肯接下這份艱巨的工作，在忙碌的日程表中抽時間跟 12 位受訪者深入訪談。她是一位非常專業的作者，每次訪問前定必到學校圖書館借閱受訪者當年的同學錄，了解他們的過去，做了很充足的資料搜集功夫。訪問時，她一邊發問，一邊以機關槍般的速度按鍵盤，記錄受訪者的答案，堪稱耳到眼到手到。我坐在一隅看她訪問，像看一場表演，賞心悅目。而她撰寫文章時，又會跟受訪者反覆查證資料，確保準確無誤，沒有歪曲對方原意，堪稱同行的楷模。

最後，特別感謝 12 位校友在百忙中接受訪問，毫不吝嗇分享生命故事，也感謝三聯書店（香港）的專業製作。我相信，這本書，不只給培正人看，每一個認真生活和思考的人，用心細續後，都會喜歡，都會得到啟迪。

何力高
香港培正中學校長

前言

猶記得首次參與培正 130 週年出版項目的編委會會議，大伙兒濟濟一堂，正式討論前先閒聊一番，從校訓到校史室飾櫃裏的鎮校之寶（由校友崔琦所贈之諾貝爾物理學獎獎牌），再分享早年的學生生活點滴，譬如毛筆字週記的功課，公佈天下的受罰名單等……話題一個接一個，好不熱鬧。

我才赫然知曉，在座流著培正血脈的人，比我想像的還要多。校董何建宗博士、正副校長譚日旭和何力高（何力高現已擢升校長）固然是紅藍兒女，沒想到參與的兩位出版社年輕編輯李毓琪和趙寅亦然，至於撰寫校史的葉深銘博士雖非校友，但其公子葉望風是，後者更以得獎魔術師身份獲邀為本書受訪者之一。

那一刻，獲委以書寫重任的我，惶恐之意油然而生——這麼多愛惜學校的人、這麼多股切的期望。參與愈多，我對這所百年老校的凝聚力感受愈深。當不少教育機構為適應大環境漸漸變成公開試的預備所，培正依然是一代又一代紅藍兒女的驕傲。

這段日子，跟書中 12 位培正校友逐一訪談，最資深跟資淺的畢業年期，相隔近乎一個甲子。當中醉心藝術的有，獻身教育的

有，站在開創者浪頭的有，守持赤子心求知求真的有；有的揹負一身時代的傷，有的心頭傷痂仍作隱痛，有的殷殷感謝際遇之恩；有忠於自己的熱情，有忠於自己的侍奉，有人忠實地表示自己偶有懷疑；成就豐碩的真誠地謙遜，看遍世情的致力圓通；有人蜚聲國際，有人默默耕耘改變……

12 個人有 12 種時代烙印，關於近代華人在「中港」乃至世界的奮鬥身影，區區專訪僅能管窺，但總盼留點記錄。我嘗試補充不同的歷史素材，務求更準確地刻劃同代人的來時路，自己也彷彿上了一課近代史。

無一例外地，我們從少年時期開展所有訪談，試圖重塑昔日的師長教誨、求學奮鬥、同窗情誼和淘氣事，以及校門內外的風聲雨聲讀書聲，探索「培正生活」這個共同起點。千帆過盡，校友們今日各有成就和際遇，顧盼回首，當中幾位不約而同指出自己的求知態度、人文精神和宗教情懷等，早於求學階段形成，終身不渝。

如此證言，足以光耀那枚紅藍相映、刻鑿著「至善至正」四字的校徽。

目錄

以音樂成就孩子
——葉惠康

葉惠康在音樂聲中成長，其後致力於兒童音樂教育，不
少學生成為本地音樂圈的中流砥柱。

葉惠康,「雞康」,和藹可親,善戲謔,語出必令人捧腹,對音樂尤有研究,為本校唯一大提琴聖手,康哥又連任兩屆社長,建樹甚多,我社之有今日,非此君無以致也。

1949 年《堅社同學錄》

堅社的社訓是堅毅刻苦,堅社的同學都出生於動盪的中國。譬如音樂教育家葉惠康。

上世紀 30 年代,國民政府剛完成北伐,軍閥時代終結,可是日本隨即侵佔東北三省,兼成立傀儡政府滿洲國。日本侵略如箭在弦,但國民黨和共產黨兩黨時而合作,時而分裂,裏裏外外都是險。在國家一步一步走進危難那當兒,葉惠康的爸爸葉培初帶著一家人在廣州行醫。葉培初是家中第二代基督徒,少時受教於培正書塾,後來成為教會領袖,既任兩廣浸信會聯會主席,也是兩廣浸信會醫院院長,又是廣州培正中學和培道女子中學兩所教會學校的校董。如是者,出入葉家不乏知識分子,風聲雨聲讀書聲聲聲入耳。

葉培初醫生，廣東台山人。生於 1890 年，1903 年入珠光里培正書院讀低班。畢業於培正書塾。廣州光華醫院畢業後，繼赴日本深造，1917 年受聘東山兩廣浸會醫院院長，親往美洲籌款，建成新院。1962 年始告退休，1973 年在香港逝世。葉醫生歷任培正校董會主席、同學會會長，一生和藹淳厚，樂善為懷，風趣爽朗，其生平軼事，向為紅藍後人所樂道也。

培正同學會，「先賢小傳」。【1】

葉家九個孩子，男的讀培正，女的在培道唸書，只有老么葉惠康未入學。雖然如此，小小葉惠康對培正書院半點不陌生，因為兩間學校的校董會會議多在葉家舉行。他記得與會的大人很激動，三不五時吵起來，間中還有長得稀奇古怪的人找上門。家中人影憧憧，忙亂中爸爸發現小屁孩還在好奇，便揮揮手著他離去：「走走走，我們開會！」

長相奇怪的人皮膚很白、鼻子很高，他們叫傳教士，從很遠很遠的地方來，「那時爸爸滿神秘的，從不跟我們說。」待葉惠康終於理解爸爸的隱衷，以及那些吵吵鬧鬧的大人當風秉燭辦教育的風骨時，他自己的人生也漸漸走上崎嶇窄路。

1937 年，日本發動侵華戰爭，民間生活翻天覆地，廣州培正中學校長黃啟明率眾避於鶴山。葉惠康年紀小，家人沒讓他跟著去，待 1938 年培正遷至澳門才正式入學，成為分校的第一批學

生，從小學一年級開始，唸完初中才返回廣州升學，用他自己的話：「我都是老澳門了。」

戰火蔓延，中國、韓國，以及整個東南亞硝煙處處，唯獨小如彈丸的澳門竟然倖免。事緣澳門當年是葡萄牙殖民地，宗主國既沒參與第二次世界大戰，澳葡政府亦宣稱中立。縱然如此，這種安全狀態非常脆弱；尤其是 1941 年，只有一水之隔的香港也被日軍佔領之後。

葉惠康對日軍最深刻的記憶，就在自己家中發生。

爸爸葉培初在澳門白馬行安頓家人後，重新執業，並為困苦民眾贈醫施藥。不知怎的，他的名聲竟然傳到駐守香港的日軍那裏。有高階軍官知道對岸來了一位懂日文兼具京都帝國大學學歷的醫生，自此多番造訪，成為葉培初不得已的病人。

家裏叫那位高官作「總司令」，每回總司令來，葉家上下一片緊張，婦孺都趕快躲進二樓屏息靜氣，小小葉惠康跟著躲，又怕又好奇——都說日本鬼子是大魔頭，殺人不眨眼，可是他們的頭頭此刻正在自己腳下！總司令倒也敬重葉培初，某回看病後沒幾天，便差人送來兩個大箱子和一句話：「這是救你們澳門用的。」當年澳門和很多亞熱帶地區同期爆發瘧疾，疫情嚴峻，然而貿易通道被日軍封鎖，醫者無藥可施。總司令送來的

【1】培正同學會，「先賢小傳」，http://www.puiching.org/homecom-con/%E5%85%88%E8%B3%A2%E5%B0%8F%E5%82%B3/

學生照上一臉嚴肅，小
時候卻是搗蛋鬼，常被
老師罰托槍。

特效藥，助葉培初救助了不少民眾。家裏小，箱子大，葉惠康
在那兩箱澳門人的「救命草」上，睡了很多個晚上。

培正因國難避走澳門，但在葉惠康記憶中，師長們少談政治，
多談基督與愛心。猶幸澳門與戰線畢竟有點距離，國事在孩子
心中只投下迷迷糊糊的陰影，倒沒妨礙他們日常搗蛋找樂子。

葉培初是校董會主席兼校醫，常在培正的週會上演講。「他講
聖經講生活，會用笑話串起來，同學都喜歡他。」有這樣的爸
爸，孩子自然威風：「他在學校從不跟我招呼，我想叫一聲『阿
爸』，他便走了。但小時候確是受了一點影響，比較『牙擦』。」

爸爸待同學風趣，對自家孩子嚴謹，常說「細蚊仔要乖」，偏生葉惠康從不是低眉順眼的孩子。初到澳門，培正租下盧家花園（即今盧廉若公園）作校舍，亭台樓閣、竹林假山，滿園的蘇州風韻，可是映入葉惠康眼簾都成為遊樂場，特別是架在荷塘上的九曲橋，迂迴蜿蜒，非常好玩，「人家在橋上走，我就爬來爬去，熟到不得了！」

那年頭，培正學生犯規要罰托槍，即是要托起重甸甸的槍桿，站在課室門前，人人經過都看得見。師長的處罰大概是公正的，因為對校董的兒子一視同仁——葉惠康是托槍常客，就連選擇「刑具」，也有自己一套，「大清早我就去選，專挑有『雞』（板手）的，罰站時靜靜托著，待有人走過立即『猛雞』。『啪』的一聲，嚇他們一大跳。」受罰成為整人良機，本來很美滿，可惜師長看見，又多罰一個禮拜。後來他改了主意，不再堅持板手，反而選那些缺了很多鐵製配件的破槍桿，貪圖它輕身。說到底，持久戰必須持久處理。

有時在外頭打架打得太凶，回家難免要挨爸爸一頓打，先教訓後施藥。但葉惠康印象最深那次，出手的不是爸爸，卻是平素總護著自己的媽媽。小學六年級發成績表，他在一片紅噹噹的等級中只有音樂和體育兩處藍，不及格要留班。回到家裏，他整個倒掛在樓梯底的天井位置，被媽媽發狠地一鞭又一鞭，名副其實「吊起來打」，誰個來勸都沒用。不一會，她察覺不妥，

葉惠康獲同學稱為「大
提琴聖手」

拉低兒子的褲管，竟然露出了一本本權充「蝟甲」的書簿作業，
原來他早有準備。

媽媽呆住了，停下手，哭崩。

「媽媽也好辛苦……」人生總有些定格，即使過了 80 年，提起
依然痛。本來眉飛色舞分享淘氣舊事的葉惠康，說到這裏兀自
紅了眼眶，一會才繼續：「其實我是可以讀書的，只是懶。我
知錯，中學開始用功。」

他說到做到，紅海慢慢變回一片湛藍，後來還添了幾個「優等」
表現。可是，當初由音樂科帶來的那抹藍，始終是他的心頭好。
葉惠康兩個哥哥都加入了中學的交響樂團，擅拉小提琴，他

們天天練習，弟弟就日日旁聽，兼且每每批評：「你這 violin concerto（小提琴協奏曲），走音啊！」哥哥們哪裏服氣：「你懂什麼？！」後來才知道，這弟弟有絕對音準（perfect pitch），能區分不同音高，不容小覷。

葉家從來琴音處處。九個孩子人人會音樂，可是個個都不許做音樂家；是爸爸下的命令，因為「像舒伯特那些音樂家，通通是餓死的」。

至於下令的爸爸到底有多愛音樂，卻非常神秘──起碼年紀最小的葉惠康不知道。「我常常聽到他房間傳出伊伊呀呀的聲音，煞是好聽，進去卻找不著樂器，又不是放唱機。後來才知道，哈！他拉鋸！」那個奇特的樂器叫鋸琴，無弦無鍵，演奏者必須有上佳的音準，方能藉著扭曲鋼板成不同弧度，兼上下拉動馬弓，奏出音色獨特的悠揚樂韻。

「我央他教我，他不肯，說自己不過玩玩，學來沒用的。」葉惠康回憶說。

亂世中，音樂無用。

夜涼如水的晚上，葉培初拿弓和鋸拉出一屋幽怨。餘音繚繞。

1945 年，葉惠康轉到廣州培正中學升讀高中。翌年馮棠上任校長，他鍾情音樂，銳意從美國購入幾十種樂器，供音樂老師何安東訓練和指揮銀樂隊。何安東是著名作曲家，寫過很多膾炙人口的抗日歌曲，如《奮起救國》，而今日傳誦穗港澳三地的培正校歌，編曲人正是他——「培正培正何光榮，教育生涯慘淡營……」遺憾是，這也是何安東音樂生涯的寫照。

葉惠康追隨何安東猶如追隨音樂，常常聽候差遣，從旁一窺這位天才型音樂家。「老師的音樂好厲害，真箇是天才，可是神神怪怪，講到名音樂家事跡時熱情洋溢，興頭一來，便掏出頂級白酒自斟自酌，還著我一起來……那酒好辣，我不成……」後來何安東受批鬥，生活坎坷，待「文革」結束才得到平反，重新獲得推崇為「愛國音樂家」——個人樂章從愛國始，以愛國終，問題是中段荒腔走板，被歷史開了大玩笑。

就在這些高低錯落的音符中，葉惠康長成青年，轉眼就要畢業。

世界在變，中國在變，每秒鐘每秒鐘的變。在中國會（變）得更其急速。因為我們要生存，就必須在短期內追上了，在過去 300 年間歐美各國所超過了我們的旅程……

社會是間沒有畢業年限的學校，我們必須繼續學習，不斷地學習，為了我們自己，為了新中國的成長，也為了把人類文

明更向前推進一步。能夠這樣，才算得上是一個有作有為的
紅藍健兒。

馮棠校長，1949 年《堅社同學錄》。

馮棠校長的話，教葉惠康深有感觸。局勢動盪，那年頭很多從
培正出來的年輕人，甫畢業便北上，一心報效國家，甚少考慮
個人生活；葉家幾個大孩子亦如是。1949 年，葉惠康沒理會師
長勸阻，以堅社社長身份組織畢業旅行，浩浩蕩蕩率領四班共
180 個同學北上看中國，目的地鎖定杭州。

那是要用粗黑體載入近代中國史的一年：1 月，聯合國宣佈不
干涉中國政事，九日後共產黨取下天津；2 月，國民政府停止
在南京辦公，遷至廣州，不斷要求和談；4 月，太原城破，15 萬
國軍陣亡；5 月，解放軍攻陷杭州──葉惠康與同學畢業旅遊
的目的地。「我們與國軍爭著擠進南下的火車，他們都扛著槍，
有多快走多快……那印象好深刻，總之就是打到來了！」回想猶
有餘悸。

那 180 個培正學生全部留住小命，平安歸來，更被師長大罵一
場。至於帶隊的葉惠康，回家再給爸爸刮耳光。

沒多久，他們要報效的國家換了名字，變成中華人民共和國，
據說是一個嶄新的國家。與此同時，葉惠康也踏出培正校門，

進入人生新階段。

葉家兩代合共出了四位醫生——三個醫治人，一個醫治動物，其餘是生化系教授、工程師和珠寶商人等。么子葉惠康始終鍾情音樂，但遭爸爸禁止，唯有萬般不情願地報考香港的私立大專廣大書院，修讀土木工程系，「我最憎計算，堂上那些 Delta X 和 Delta Y，通通別來攪我。」從此，他一逮到機會便曠課聽音樂去，日子過得渾渾噩噩，失去焦點。

還好有三姊葉惠芳。葉惠芳是美國紐約大學（New York University, NYU）醫學博士，專攻婦產科，學成加入中央政府當軍醫，為中國人民解放軍總醫院（又稱「301 醫院」）開設婦產部門，後來更晉升至少將軍級別。1951 年，她從內地回港，替弟弟說項：解放後什麼都一樣了，共產主義下的新中國，無論當醫生抑或音樂家，薪水都沒差。爸爸聽著，態度軟化。說到底，所有執拗都是為了孩子，現在既然不怕「餓死老婆瘟臭屋」，那就讀什麼都沒所謂了。

葉惠康隨三姊北上，獲北京燕京大學音樂系取錄，還在那兒遇上人生的另一半，「我看到新生放榜名單只取錄了一個廣州人，她叫蔡正怡，自己來讀書，沒人照顧。難得有廣東女仔，我便去『蝦下佢』（欺負她一下），『蝦下蝦下』成為我太太，跟著我到現在。」當年欺人的廣州大佬，今日得意地笑了起來，鬢

堅社校友 1986 年合照。
前排左二和三是葉惠康
與夫人蔡正怡。

如霜,眼裏卻有春意。

1950 年,中共發佈《關於處理接受美國津貼的文化教育救濟機
關及宗教團體的方針的決定》規定,大規模整頓高等學校,以
消弭當局眼中美帝主義的文化侵略;與此同時,教育部門向蘇
聯「老大哥」學習,以培養專才為教育方針。新政策下,燕京
大學音樂系有大半學生被調配到北京師範大學,只有少數被選
中,加入中央音樂學院接受專業化培訓。中央音樂學院首任院
長是馬思聰,20 年代曾經就讀於廣州培正學校,算起來是葉惠
康的學長。葉惠康獲重點培養,安排在蘇聯作曲家阿拉波夫·
古洛夫指導下研習作曲,收穫豐盛,並且躊躇滿志,準備追隨
老師到蘇聯深造。

可惜，有關大時代的小確幸，我們只能寫到這裏。

當葉惠康在北京初嚐愛情和個人發展的甘美時，遠在廣州老家的爸爸葉培初半夜接待了一位不速之客。當時的培正校長林瑞銘摸黑上門，通風報信：「明天要走，解放軍來捉你了！」翌日解放軍上門，發現人去樓空，「親美教會反共分子」已經逃到香港。

一大盆冷水潑過來，葉惠康赫然發現，自己已被劃出界線之外。

「共產黨說，此人的家庭背景反共，社會關係歐化，不准派去蘇聯。我不服氣：家庭是家庭，我是我！1957年『大鳴大放』，毛澤東鼓勵大家愛說什麼便什麼，我像傻子一樣走出來，寫信批評共產黨不公，揚言應該以公開考試決定誰該留學，派出精英不是黨員。」

歷史告訴我們，「大鳴大放」的下集叫「秋後算賬」。葉惠康兩口子被打成反動分子，翌年被發放到湖北省接受勞改，男的在潛江耕田，女的到武漢餵豬，日子過得荒謬地悽苦。妻子蔡正怡天天摟著大肥豬洗澡，把牠們擦得白白淨淨，來參觀的人人稱讚，「共產黨的豬改造得真好！」葉惠康在荒野種棉花，那兒的蘆葦叢深又茂，長了很多吸血蟲，原本是二戰時日本軍放進去咬游擊隊的，最後採了不少勞改犯的血。

大躍進和大饑荒本是矛盾的雙生兒,神州大地到處缺糧,勞改場更甚,有三個月的時間,葉惠康只能挖野草來填塞肚皮下的虛空。某回灰心喪志,他站在長江邊,看著滾滾江水想了又想:就這樣好嗎?

最終他沒跳,反而決心豁出去,奮發起來,日以繼夜採摘棉花,被殼子割得指尖滲血也一直堅忍著。採下來的棉絮輕飄飄,200多斤堆起來,有一間房子那麼大。因為表現良好,他獲提前釋放,結束人生最黑暗的18個月。「我都不說裏頭怎樣殘忍了,只須告訴你:我進去時164磅,出來剩88磅,什麼叫皮包骨?就是回家敲門,太太問找誰,我說『找你啊!』她望呀望、望呀望,良久才認出來。」

他到武漢音樂學院教書,又為武漢大劇院作曲,那兒的黨書記說:幾年沒回老家看老父,放你回去吧。「我對他說多謝。」從地獄返回人間的葉惠康都不一樣了:「你要懂得怎樣表現,不能顯得你反對他。」但離開的條件是大女兒葉羨詩必須留在武漢,過一段骨肉分離的日子。

歸來後,與爸爸在澳門吃飯,忽然爸爸說,現在我就打電話給毛澤東。葉惠康傻眼,問:「阿爸,你發神經嗎(瘋了)?」葉培初答:「毛澤東替我教好兒子,食物掉在桌上會撿來吃,掉到地上也會撿來吃,這樣知慳識儉,真是無人可以教,只有毛

澤東。」那是葉培初的黑色幽默。一會,爸爸稍稍正色,再說:
「我覺得好難過,但是你真的改造了,這是事實。」

爸爸建議葉惠康到香港發展,找培正中學前校長林子豐幫忙謀
事。那時林子豐已經轉任浸會書院(即香港浸會大學前身)首
任校長,那時新院校未有音樂系,葉惠康被委以發展合唱團的
任務,訓練學生在每年的基督教大學週會上合唱。他又設計音
樂課程,建議所有學生修習,甚至獲副院長兼教務主任晏務理
(Maurice John Anderson)賞識。這個月薪只有 240 元的兼職崗
位,為葉惠康闢出一條新路:音樂教育的路。

葉惠康前後兩度到美國進修音樂教育,因為英文程度有限,過
程非常刻苦,常常挑燈夜讀到凌晨 3、4 時。1969 年,他成為南
方浸信會神學院(Southern Baptist Theological Seminary)宗教
音樂碩士,十年後成為西南浸信會神學院(Southwestern Baptist
Theological Seminary)音樂藝術博士,兼獲學業成績優異獎。但
最豐厚的回報不在街頭,而是他對音樂教育的體會——「構思
音樂的方式本身非常科學化,認識巴哈音樂,對人生很有用處。
音樂既能陶冶情性,又可以鍛鍊周密的組織思維,何不拿來訓
練學生?」

在美國,葉惠康也看到兒童音樂教育的起源與教會發展關係密
切,「可是現代教會只把音樂當成裝飾,成為習慣,有詩班但

葉惠康（前中）與家人
合照。女兒葉羨詩（前
右）、葉詠詩（後右）
都曾在兒童合唱團跟爸
爸學唱歌。

無訓練，這樣非常錯。試問教會出過幾多音樂人？」

他蠢蠢欲動，希望試驗自己的教育理想，在浸會書院籌辦音樂
藝術系之餘，向教會自薦組織兒童合唱團，但只吃到閉門羹。
轉念一想，合唱團最需要的不過是孩童，而自己和親友圈裏正
好有大量供應。於是他游說大家帶孩子來學唱歌，每人收三塊
錢，唱到中途有小食時間，唱悶了還有家長加入教授體操。如
是者，合唱團漸漸有了雛型，第一批小小創團成員裏，有葉羨
詩、葉詠詩、龍向榮、龍向輝等，這些曾經跟著葉惠康伊伊
呀呀學唱歌的娃兒，今日一一成為本地音樂圈的中流砥柱。

曾經，葉惠康夢想在華麗的音樂殿堂上成就自己，「在燕京大學

時我那樣想，在中央音樂學院更自覺非要成為專家不可。人人都想做貝多芬第二，那想像很美好，卻不成熟。加入浸會書院後，我進入另一個階段。我思考，如果沒有人請我工作，音樂家又有何用？滿街都是學音樂的人，人人開一間琴行，意義何在？

「選修音樂教育，開始改變我的理想：我不要做大音樂家。譬方說，匈牙利所有大劇院都預留了一個位置給 Zoltán Kodály（高大宜·佐爾坦），表明只有他才有資格坐上去，那是因為他的音樂教育！」

Zoltán Kodály 生於 19 世紀末的匈牙利，特別關注民族音樂，在各地採集民謠期間，感到匈牙利人民需要提升音樂水平，從而發展出一套教育理念，並且強調音樂教育在生活中不可或缺、是人們與生俱來的權利。二戰後，他的「高大宜音樂教學法」在世界各地廣泛應用。

「中國沒有這樣的一號人物，小孩的音樂教育無人重視。我辦兒童合唱團這件事，政府也沒搭理過、資助過。到現在，全中國都開始注重音樂教育了。」

兒童音樂教育，非為培養音樂家，乃為達到「全人教育」的目的。

《葉惠康的兒童音樂教育道路──三十三載紀事》

「加入浸會書院後，我開始改變我的理想：不做大音樂家，要做音樂教育。」

40多年來，葉惠康從零開始，建立了浸會書院音樂系，組織了香港兒童合唱團，還先後創立香港泛亞交響樂團、葉氏兒童合唱團、香港兒童交響樂團等。當初開辦音樂教育中心只得30多個學生，如今他的音樂團體合共有 3,000 多個小朋友成員。一代又一代的孩子長大後，成為社會上有用的人，當中包括拿下很多獎的音樂家，醫生、律師、企業家和政府高官等。

「當年庇理羅士女子中學的音樂主任梁太帶五歲兒子來，說：『我把兒子交給你，請你培養他。』我謝謝她的信任。前幾年那孩子拿金紫荊星章，梁太找我飲茶，我說：『你把兒子交來時光脫脫，什麼都沒有，現在我交還兒子到你身邊時，全身都是金獎。』她笑著說：『食雞啦，講乜鬼？』」葉惠康說得眉飛色

80 毫臺的葉惠康，大半輩子以音樂成就孩子。

舞，得意地笑了起來。梁太的兒子叫梁卓偉，現在是香港大學李嘉誠醫學院院長、公共衛生醫學講座教授，一度是副局長級高官。

「我知道我走對了方向。」他說：「我教小朋友，不是要訓練他們一一成為音樂家。如果 3,000 個『細蚊仔』通通當上音樂家，哪裏謀生？音樂的道路是全人教育的一部分，是最起碼的一部分。」

音樂教育家快 90 歲了，女兒在音樂路上各有成就：大女葉羨詩主理葉氏兒童音樂實踐中心，二女葉詠詩是著名交響樂團指揮家，么女葉亦詩是歌劇練唱指導。工作陸續交棒，但談到音樂教育，老人依然興致勃勃：「過兩個月我辦一個講座，在文化中心音樂廳，2,000 幾人，我要講給家長知道，這幾十年的音樂

2009 年，堅社校友回澳門培正參與畢業離校60 週年（鑽禧）加冕慶典。前排右八為葉惠康。

教育理念是什麼……

「音樂是一生的享受，能伴著一起長大、做事、生活，非常好，不要一開始就想做大音樂家、大作曲家、大演奏家。教好音樂是對社會的責任，它能改變人們的品德、性情，是為人們做的工作，是聖經的教誨。」

海歸華人心事

——吳家瑋

吳家瑋的畢業照。按同
學錄的描述：「誠翩翩
俗世佳公子也」。

小事糊塗，大事不糊塗。量大而達觀，健談而善辯。更好笑謔，愛運動。富同情心，有正義感。聰明機智，俊美多才，誠翩翩俗世佳公子也。

1954 年《匡社同學錄》

吳家瑋一開口就為中學時期的「威水史」解魅：「唸培正時，我從不肯好好讀書，那個品學兼優獎完全不該頒給我，絕對無資格拿，所以千萬不要讚。」

他的童年在香港和上海之間來來回回：1937 年上海出生，才三個月大就來港，五歲遇上香港淪陷，隨家人避走上海，1949 年再度南下。回港後，一家四口連同追隨母親多年的老保姆，在殖民地上共住一房，連風扇也沒有，所謂廁所就是櫃子後的馬桶。家貧，可曾是庚款留美學生【1】的爸爸和書香世代的媽媽，都認為中文教育是不二之選，特意從港島搬家到九龍，讓兒子入讀心儀的培正中學。

【1】清末「庚子賠款」後，美、英、法、荷、比等國相繼與中國訂立協定，以輸入中國留學生來代替退還超過實際損失的賠款。

初入培正，吳家瑋第一印象是學生多，[2] 後來漸漸發現老師學問好；至於那時的自己，最出色的是記性，最慚愧的也是記性：「教歷史的梅修偉老師在黑板寫字很快，我也抄得快，可是抄下來從不看，直至大考前一晚才翻開來讀，翌日竟然過關。數理亦如是，不理解抽象，只會用公式解題。」

成為「品學兼優生」，他一直覺得是高中三班主任羅慷烈的眷顧，可惜老師已作古，無從求證。羅慷烈是著名詞人，研究古代韻文成就超卓，經、史、子、集、文字音韻學等造詣甚高，50 年代來港初期曾任教培正四年，後加入香港大學成為中文系教授。

「那時學校要求寫週記，羅老師可能覺得我寫的東西還可以。」吳家瑋從小喜歡詩詞小說，40 年代上海時局混亂，媽媽管束嚴，小孩子十歲前不准獨自上街，惟有窩在家中看舊小說，愈讀愈有興味，「《西遊記》和《封神榜》對照著看，《三俠五義》和《小五義》這些武俠小說本本追，後來連黃頁那麼厚的《大戲考》[3]也讀起來，京劇、秦腔、楚劇等通通看遍，所以滿腦子是古典思想，封建落後……哈哈！」後來他發現，兒時積儲的文學底蘊不單能幫助自己寫好週記，還可以投稿到《星島日報》賺微薄稿費，幫補沒零用錢的窮學生生涯。

1952 年，港府首次舉辦專為中文中學高中三年級學生而設的香

港中文中學高中畢業會考，此前的會考只有英文中學學生才合資格參與。共 30 間中學響應，900 多人應試，主要來自培正、培道中學、培英中學、九龍真光中學、嶺英中學等私校。與此同時，左派學校發動杯葛，培僑中學畢業班更以公開信表明集體不參與，因為「這個制度限制了我們的學習自由，使我們不能按自己國家的需要來進行學習。」【4】信件登上《文匯報》。

吳家瑋參加了 1954 年的考試：「我們感覺自傲，覺得要為學校出人頭地。就是說，英文書院看不起我們，我們也看不起英文書院的學生，分明黃面孔黑頭髮卻講滿口英文。」畢竟，在殖民社會一片推崇英文的氛圍中，培正是中文中學的龍頭名校。

每天駛經校門的七號巴士，從上世紀 20 年代末開始行走窩打老道，接載一代又一代的培正學生，包括 50 年代在學的吳家瑋。車子走過 80 號，培正的「馬騮頭」一哄而上，瑪利諾修院學校的女生早就安坐車上，優雅的粉藍裙子教人聯想到，藍天下的紅磚房在 130 號散發的歐洲古典風韻。不一會，車子經過 72 號，著名學者郭沫若曾以家長身份在香島中學的懇親會上演說，首

【2】1950 年培正開辦上下午班，兩年後學生多達 3,000，《香港培正通訊》第 21 期（1952 年 5 月 21 日）有此記錄：「開辦之初，員生合計不過百人，今則學生已達 3,000 教職員亦增至 110 人以上……前年秋際，主校事者，鑑於青年失學之眾，乃勉承香港教育當局之鼓勵，分辦上下午班，用廣收容。」
【3】1929 年，民國時期上海出版的戲劇、曲藝、歌曲唱片唱詞彙編，由劇評家蘇少卿編著。
【4】《香港考評文化的承與變——從強調篩選到反映能力》，梁操雅、羅天佑著，香港：商務印書館，2017 年，頁 126。

任校長盧動因為在校園升起五星紅旗被遞解出境。再往下走，來到九龍華仁書院，是本港第一所由華人管理的英文中學，1952 年剛遷進 56 號，40,000 多平方米的新校舍，在「華仁仔」的優越感上再添一筆。至於不遠處的洗衣街還有德明中學，每年雙十都掛起青天白日旗。

一條窩打老道，盛載了殖民地教育的幾種風光。吳家瑋今日回想，屬於培正的那一種，叫民族情懷和儒教傳統──從不強加，卻潛移默化，「譬如羅慷烈老師講中國文學和詩詞，整個人浸淫其中；梅修偉老師教授中國歷史時的情感，自然流露；梁蘄善老師教地理時告訴我們，那時中國外銷產品之一竟然是豬鬃，你說可憐不可憐？」

教育的園地裏，是沒有捷徑可循的，它的工作，就是一種學習、啟發和創造的工作，而它的範圍又是那麼地廣大和實際，正如在《萬世師表》中方義達所說的一樣：「教育不就是職業，而是一種樹人的工作……你能快樂，因為你給予人以快樂，你有知識，因為你給予人以知識。」所以，我誠摯地期望著：有一天，由於那些躬行實踐的教育工作者們的努力，每個人都能了解生活的意義、知識的重要、完美人格的爭取，進而能服務社會，事神事人，使那杌隉不安的情勢絕跡於人寰，愛同類愛前途的精神瀰漫於世界。

林子豐校長為匡社公演《萬世師表》寫的話，1954 年《匡社同學錄》。

獲「品學兼優獎」後，
與林子豐校長（左）和
父執合影。那時吳家瑋
的母親在醫院生幼妹，
父親留院陪伴沒來。

高中生涯過得很快。吳家瑋最愛與班上同學一起打籃球，「午休時，我們趕快到窩打老道吃飯，吃完回到學校的沙地打波，渴了便跑到何文田山的荒地找水龍頭，大家輪著飲，玩得一身汗一身沙。」他特別記得一位叫王體暢的同學，「比我們大兩、三年，人很好，見我們頑皮，主動教功課，也不介意後來我們的考試成績超過他。班上好幾個人都品學俱佳，我的分數雖然稍高，但他們的學問絕對不遜於我，而且沒我那麼貪玩。」

畢業後，吳家瑋那些品學俱佳的同學，不少聯袂到內地升學，

粗略估算佔所有高三同學的四分之一，剩下的，有人直接進社會打工，有人去台灣，也有不少像他那樣謀求到外國升學。

那是 1954 年，香港中文大學的成立還須再待九年，香港大學只此一家，中文中學的畢業生只能望門興嘆；父母一心要吳家瑋到美國讀工科，「家裏說一定要選工程，因為讀文科沒飯開。我們那一代的成長多磨難，總覺得有飯開重要、保住性命重要。還記得小學老師要求我們好好讀書，將來貢獻社會，令中國人人有飯吃⋯⋯」吳家瑋說：「那時我覺得這個願望遠在天邊，永遠不會做到，更莫說中國今日成為經濟強國。」至於為了開飯，可會丟掉另一些重要的東西，是另一個故事。

家裏負擔不起學費，浸過洋水的爸爸遂發揮小宇宙，埋首美國新聞處圖書館查找大學資料，為兒子申請獎學金。為什麼自己不去？吳家瑋說：「那時我在學校看的英文書，圖大字大，今日只能拿來給小學生看⋯⋯英語程度實在糟糕。」

爸爸用兒子亮麗的成績表弄到一間美國大學的獎學金，免繳學費，免費住宿，學生只須負責填飽自己的肚子，看起來非常美好。可是他沒弄清兩件事：一，這間「美國大學」原是南方的一間小學院，學術水平要求不高；二，學校並沒開設自己千叮萬囑兒子修讀的工科。

無論如何，吳家瑋還是坐上威爾遜總統號郵輪，經歷兩個半禮拜的航程，橫跨太平洋到達舊金山。1955 年，《培正校刊》【5】刊登他寫給羅慷烈老師的信，描述到埠安排和對小城人情的初體驗，也分享學習進度——「我現在的計劃是在這裏讀兩年，弄到個 B. S.（理學學士）轉校，因為培正高中的數學程度與這裏大學相仿，如承認則可弄到 24 個學分，加上崇基【6】43 個全部承認，今年讀 41 個，明年再讀 40 個已夠畢業了，可省去一年時間⋯⋯今年我選的課程⋯⋯共 20 小時，有四科是科學，平常美國學生，只能負擔十五六小時，一科科學，不過中國人，尤其是培正畢業生選 20 小時決無問題。

「前天數學先生問我有沒有時間替他一課微積分，我說英文不行，推掉了，現在想想應該答應的，一則嘗嘗做先生的滋味，一則以 17 歲的中國人教 20 幾歲的外國人，大可為中國人示威。我在這裏是唯一的中國男學生，時時刻刻想為中國人爭口氣，令外國人看到中國學生的好處，更肯幫忙些。」

當年的佐治城大學（Georgetown College）是 3,000 人小鎮裏的 800 人學院，既然沒工程學系，他唯有挑「最接近」的物理和

【5】吳家瑋同學致羅慷烈老師信，載《培正校刊》第 6 卷第 3 期，1955 年 11 月 15 日。
【6】申請美國簽證的學生須保證畢業後會返回本國，但吳家瑋沒有財產作擔保，案子被擱下來，期間唯有到崇基學院上課。後來吳父輾轉找到任職領事館的友人作人格保證，才通過審批。「出國 33 年才落葉歸根，是不是能算保全了領事館那位好心朋友的人格？」吳家瑋後來在自傳《洋墨水》（頁 14）中如是説。

數學。這兩個學系分別只得一位教授，教數學那位更屆 80 高齡，精神萎頓，很多高級微積分習題都解不通。那個 17 歲小子迷迷糊糊上課，迷迷糊糊考試過關，迷迷糊糊地以為自己什麼都懂，只花一年就以優秀成績成功畢業，還獲著名學府華盛頓大學（Washington University）取錄，以「罕見的科學天才」姿態登上報紙。

那樣的輕而易舉⋯⋯那樣的天大整蠱。

甫坐進華盛頓大學講堂，他便發現不對勁。對於老師在黑板奮筆疾書的公式，他一竅不通；對於印在課本上陌生的符號，他毫無概念。他在驚恐中強作鎮定，同時下意識拒絕承認自己程度不足。更糟糕是，他還擔當助教，需要批改本科生試卷；某回帶領一年級生進實驗室遇停電，這個助教竟然不知道什麼是保險絲，幸好有學生幫忙更換。

「我什麼都不懂，但最弊是沒有自知之明，甚至找教授要求直接取得 Nuclear Physics（原子核物理學）的學分，因為我讀過——所謂讀過，只在科普課上讀過名字。」

他申請把博士研究生的資格考試延後一年，可還是面對同一結局：一敗塗地。露餡了，書讀不下去，連帶丟了當助教的薪水，還時時擔憂被遣返香港。

從雲端到谷底，這一跤跌得好痛。

今日的吳家瑋自謔：「天才變狗才。」後來才知道，這是他人生中最重要的一跤，把昔日的無知少年渡成今日的吳家瑋。

他展開半工讀生涯，痛定思痛，決定不走捷徑，從本科程度的理科知識學起。那年頭，他工作的化工集團孟山都（Monsanto Company）開始應用電腦，可是年長同事對新事物惶恐，編寫程式的責任落在初生之犢身上。沒想到的是，多年理科訓練早為吳家瑋的邏輯思維扎好根底，不單程式愈寫愈順，更反過來重燃學習興趣。「我本來不是很喜歡物理，考試失敗後更加沒勁。可是撰寫程式時，竟然發現從前學到的分析方法有用，有次設計涉及熱傳導的程式，更把理論重溫一遍，愈讀愈有意思。」

家裏的書桌由兩塊木板和八根木柱釘成，非常簡陋；他每晚埋首苦讀，收音機傳來的樂韻愈來愈柔和，時針指向午夜的時候，電台節目播出主題曲 *Are You Lonesome Tonight?*，但吳家瑋不寂寞，因為伴著的是他的新婚妻子羅永清。二人在 1960 年結婚，那年他 22 歲，她 20 歲。

太太的老家在上海，後來在日本住，17 歲到美國讀書。第二次見面，他便展開追求。即使在吳家瑋最潦倒的時候，她對他還是充滿信心。「這非常出奇。我問她，怎麼可能？她說，她就

研究生時代的家庭照

是知道我做得到。其實她很天真，糊塗呀！」吳家瑋在回憶中
笑了：「要不是她，我今日不知會變成怎樣。」

1966 年，踏上威爾遜總統號的 11 年後，吳家瑋在華盛頓大學
畢業，獲得物理學博士學位。隨後的事情來得很快，用他自己
的話：「事業發展快速，遠超學界常例」——他先在聖迭戈加州
大學（University of California, San Diego, UCSD）從事研究，1968 年
到芝加哥西北大學（Northwestern University）任教，1974 年成
為物理與天文系系主任，1979 年回聖迭戈加州大學熱斐爾學院
當院長，1983 年獲聘成為舊金山州立大學（San Francisco State
University）校長，成為美國歷史上第一位華裔大學校長。

當上校長那年，吳家瑋 45 歲。有一個說法，他打破了限制華人在美國發展的「玻璃天花板」，惟後來者鮮。

事業有成，但吳家瑋念念不忘自己的根。「我下意識地尋根追根，在家要求孩子五歲前只講中文。一個少數民族要在社會站得穩，不被人欺，必須有一種自豪感。」他跟晚一屆的培正學弟吳仙標相熟，早在華盛頓大學時期就一起組織中國同學會，參與美國的華人運動。中華人民共和國成立之初，大批國民遠走他鄉，動盪過後，「落地生根」抑或「落葉歸根」成為很多華僑的掙扎；吳家瑋和吳仙標推動前者。「華僑必須扎根，這是周恩來說的。不要把幫助中國掛在嘴邊，要把居住國看成家，要不，人家怎能相信你？至於祖國是娘家，娘家任何時候都與你親近。」這來自總理周恩來 1956 年在緬甸呼籲華僑入籍的講話：「中國政府看待你們是好親戚」，以回應國籍問題帶來的外交緊張，以及華僑在外地引發的排華矛盾。

1979 年中美建交之初，吳家瑋和吳仙標這對培正校友分別在學術圈子和政界擔當橋樑角色。就在學長成為大學校長翌年，學弟也成為特拉華州副州長，是美國史上當選此高職的首位華人。

吳家瑋在美國成家立業，與太太養育了四個孩子，更在 1966 年把高堂接去定居，以為這便把根扎下：「那時我也以為自己會在美國住下去。」

等工作上了軌道,每晚回到家裏,就想花點時間溫習中文,然後把 30 多年的留美經歷寫下來。一方面當玩,一方面或許可以給剛從中國來的留學生看,給他們一些在彼岸生活學習的參考。哪知只寫了一節,就接到了新任務:香港政府任命的籌備委員會要我回去創辦科技大學。那是 1987 年秋天……書當然就寫不成了,一放手,就足足放了 20 年。

吳家瑋,《洋墨水》。

「80 年代,港府為創建第三間大學成立籌備委員會,要找五個海外校長作成員,名單上有英國人和澳洲人等,但港督尤德和鍾士元【7】都覺得,應該找一個在國際上做過大學校長的華人。」吳家瑋說:「那時只有我。」

面對主權回歸、加上「六四事件」的震撼,90 年代初的香港,每年平均約有 56,800 人移民他國;在這當兒,闊別香港 33 載的吳家瑋卻帶同妻子和七歲么女逆流歸來,與一眾海歸的華人學者創建香港科技大學。「1989 年 7 月,我到洛杉磯的一流大學招攬人才,向一眾學者講述香港前途。一人問:六四發生後,我們還該回去嗎?我流著淚說:『假如事事順利,多我們一個不多,少我們一個不少;現在的中國不是更需要我們回去了嗎?』多年來,我們看著中國的變化,喜過,怒過;笑過,哭過,但這畢竟是自己的國家,我們不關心誰關心?」吳家瑋接著說:「來到今天,中國已經進入小康,還變得繁榮富強;這是從前

吳家瑋在 2001 年辭任
科技大學校長

在培正上學時，做夢也沒想到的。」

科大在 1988 年正式開始籌建，三年後開學。吳家瑋於 2001 年，
即 13 年後請辭，創校校長功成身退。退下來後，他把經歷寫成
洋洋灑灑四本書，從出國留學的《洋墨水》開始，到大學教研
生涯的《紅墨水》，再寫出如何在美國學術界打破了《玻璃天
花板》；至於創立科大那筆則載入《同創香港科技大學——初創
時期的故事和人物誌》。離開培正後半個世紀，吳家瑋再度認
真地書寫中文，希望文字超越自傳的意義——帶讀者一窺華盛頓
和荷里活光影以外的美國、認識他那代人的思維方式，以及海
歸華人的種種心事。

【7】鍾士元博士當年是行政局首席非官守議員，亦是香港科技大學籌備
委員會主席，後來擔任創校校董會主席。

生命忠於舞台
——鍾景輝

學高中第四屆畢業生合影 一九五五年七月十五日 英林攝

44

該級社係以「忠」字命名，顧名思義，寄意深長，我期望諸同學能做到名實一致。「忠」字的釋義，可由我國經書及古人名言中窺見斑豹。如說文；「忠，敬也」玉篇「忠，直也」鄭疏：「內盡其心，而不欺也。中心曰忠，中下從心，謂言出於心，皆有忠實也。」書伊訓：「為下克忠」諡法：「危身奉上，險不辭難曰忠」孔子曰：「言忠信，行篤敬。」孟子：「教人以善謂之忠。」曾子曰：「為人謀而不忠乎。」又聖經馬太 6 章 24 節說：「一個人不能事奉兩個主。」……

林子豐校長，1955 年《忠社同學錄》。

1955 年，林子豐校長以「忠」字為畢業同學送行，在「社會環境複雜，人心澆漓，你詐我虞，朝秦暮楚」的世代，要求他們處世盡忠、待人以忠、對學問盡忠、忠於國，並且做一個忠實的基督徒。然而，有一種「忠」尚未提及——忠於自己的興趣，甚至視之為理想，勇敢地追隨。

畢竟在那個年代談興趣，何其奢侈。戰後香港百廢待興，培正不例外。淪陷期間，何文田校舍被日軍佔據，學校停課，師生顛沛流離，至 1946 年才終於重返原址復課。除了接收破損的大樓和教具，還有戰爭遺下的殘酷印記。

香港淪陷，校舍為日軍佔駐，後山（今中學部）為處決犯人之地。復員初期，港校返原址上課，後山草叢之中尚有零星枯骨，校園對面皆為墳塚。

《培正創校 120 周年紀念特刊》

與此同時，一個居於上海、家境寬裕的小戲迷，還未知道自己翌年將離開成長的弄堂和鍾愛的蘭心大劇院，舉家移居到那個位處中國南方邊陲的英殖小城。

他對香港不算陌生。1937 年生於泰國的鍾景輝，襁褓時期隨父母移居香港，人生最早的記憶包括在香港的幼稚園扮演小綿羊，「老師剪出一條條紙條，捲起來搭在我身上當羊毛……那時我想，小綿羊該怎麼叫？」

待日軍掩至，鍾家逃難到上海，住進武裝中立的公共租界，在法、英、美、意四國駐軍的脆弱平衡中暫借安逸。情勢如此，小小鍾景輝依然發展出獨個兒蕩到劇院的興趣，用半票看了《樑上君子》和《三姊妹》等改編名劇。日本投降後，內地旋即爆發第二次國共內戰，鍾家再次踏上逃亡路，於 1947 年返抵「重光」後的香港。爸爸鍾溥曾於廣州嶺南大學攻讀經濟與政治，透過人脈，把兒子安插到香港培正小學讀五年級，展開他在窩打老道 80 號的八個寒暑。

鍾景輝（前排右二）說
自己當時在想，小綿羊
是怎樣叫的呢？

鍾景輝對戰後陰霾印象模糊，倒記住了培正小學聖誕聯歡的熱
鬧，尤其是小小的他獲老師選中扮演東方三博士，「最開心可
以排練和唱聖詩，簡直歡喜，非常享受。」有趣的是，他那些
珍而重之的童年回憶，無論是在幼稚園扮小綿羊、在上海的小
學演聖誕老人，抑或培正的三博士，都缺不了聖誕——或者更
準繩地說，都缺不了表演。

埋在土裏的小種子，一直靜靜等待發芽的機會。機會有各種面
貌，譬如學校的籌款需要。

鍾景輝在學期間，培正處於急速改變，更一度改行上下午班制，
以吸納更多學子。這些發展遠超戰後復原的規模，原是為了回

47

應更迫切的社會需要——50 年代初，香港人口超過 200 萬，大半是幾年間翻山越嶺暗渡深圳邊境到來的內地難民。【1】

閒閒一數，學校的加建和改建有：1948 年加建辦公室、圖書館、播音室、大廚房等；1949 年開設高中；1950 年建風雨操場／禮堂；1951 年增設物理實驗室兼儀器；1952 年向政府租地闢籃球場改建貯水池；1953 年在政府贈地之上建成新校舍；1954 年籌建 65 週年紀念校舍……工程需要大量資金，林子豐校長四出籌款。紅藍劇社就在這個背景下誕生，其中一個使命，是舉辦大型慈善演出來募集建校所需。

紅藍劇社成立於 1950 年，那年鍾景輝 13 歲，唸初中二年級，甫聽說學校要排戲，便燃起滿腔熱情，忙不迭報名，「遴選時什麼都不懂，只知道按自己的感覺和粗淺認知去讀那幾段台詞，完全沒想過有沒有天份，更沒想過要爭取什麼角色。」

《刻薄成家》改編自法國劇作家莫里哀的喜劇作品，鍾景輝獲選中飾演孤寒財主 Harpagon 的兒子 Cléante ——「既然事情來到這一步，我就明白告訴您，我絕對不會放棄對瑪麗亞娜的愛情……愛情就是六親不認！」

這個充滿浪漫主義的角色把鍾景輝帶上舞台，令他對戲劇的鍾愛一發不可收拾，從此陸續為不同角色賦予生命，感覺如魚得

舞台上的假鬍子和劍，
也是少年演員的「蝦
碌」陷阱。

水，彷彿本該如此。「對於演出，我從來沒有壓力，排練足夠
便不怕。出台前我只會思考角色面對的處境，想著怎樣做好，
不會去想任何其他東西。」鍾景輝說：「我要盡情享受舞台上的
一切。」

當然也有「蝦碌」時。譬如法國劇《君子好逑》對決一幕，緊
張之際，鍾景輝飛甩手上的劍，情急之下唯有退回後台搶一把
來換。另一次，他意外撥甩臉上的假鬍子，非常狼狽，唯有倉
皇走到三樓化妝室重新貼上，也顧不得把對手獨留台上，「對
手即席創作台詞，勉強撐著，教台下的同學非常歡樂。」回想
那些青澀的失誤，今日的鍾景輝笑開懷。

【1】周永新，《香港人的身份認同和價值觀》，香港：中華書局（香港）
有限公司，2016 年，頁 8。

話雖如此，紅藍劇社的排演毫不兒戲，甚至大大超越當年中學生製作的水平。關鍵之一是師資。其時內地政局不穩，為香港帶來大量難民，也為培正的教師團隊聚合了不少高級知識分子，包括奠定培正「數學少林寺」[2]基礎的何宗頤、國學大師羅慷烈、教授英文的李寶榮、作曲家何安東等，成就一個輝煌年代。

至於合力籌組紅藍劇社的四位老師——關存英、梅修偉、陳翊湛和鄭煥時，或有扎實戲劇根基，或學貫中西歷史，或深諳國學，或長於佈景創作，都是一時之選。鍾景輝最記得梅修偉[3]的博學和堂上風采，但要數對他戲劇起步影響最深的，是關存英。

《培正中學通訊》[4]這樣記述關存英：

他學識淵博，精於古籍，講解課文善用典故。上課時從容澹定，娓娓而授，學子無不專心靜聽。有人譽之為「以才華教書」云……先生酷愛戲劇，造詣頗深。早在學生時代便參加白話戲（早期之話劇，北方稱為文明戲）的演出，又譯文介紹蘇聯戲劇大師斯坦尼斯拉夫斯基的戲劇思想。20 年代，進步文人雲集廣州，他參加何香凝先生主持的「民間劇社」活動，結識郭沫若、歐陽予倩等大師，曾演出郭著「王昭君」等新劇……港校工作期間，更時常關懷各級社的戲劇活動，時任導演，間或粉墨登場。所演角色唯妙唯肖，傳神生動，老校友謂至今仍歷歷在目，又譯王爾德「無是生非」（翻譯第二幕起

之全劇）等國外名著多種，指導學生演出……培正因戲劇而小
有名氣於社會，先生於其中有一份功勞焉……

《培正創校 120 周年紀念特刊》

那時坊間舞台多演中國舊劇本，鍾景輝猶記得觀賞《雷雨》的
經驗，台上有紅線女、張瑛、秦劍和黃曼梨等，星光熠熠。但
關存英的喜好有點不一樣。他尤愛外國劇本，會自己動筆翻譯，
助鍾景輝奪教育司署校際戲劇比賽「最佳男演員」的《史嘉本
的詭計》（1953 年）和《丟失的禮帽》（1954 年），皆出自他的
手筆。

「我演了那麼多翻譯劇，都是因為關老師。他帶我進入戲劇世
界，引導我看到外國劇本的特質，了解它們何以在外國盛行，
開闊我的視野，也在角色創造方面向我提點。如果外邊有好戲
上演，他會跟我說：『記得去睇，記得去睇！』我答：『聽日（明
天）考試㗎！』他就說：『但這是『紅伶艷』，好戲啊！』」

眼裏不只有成績的培正老師，不只關存英一人，鍾景輝笑說：
「記得體育老師告訴我們，讀書不用全部拿 A，因為日後到社會
做事，最能應付狀況的，都是今日考 70 多分的同學。這句話深

【2】《中國學生周報》，1969 年 11 月 21 日。
【3】《忠社同學錄》對梅修偉有此生動側寫：「梅先生上歷史課除了一
枝粉筆，什麼也不帶；站在講台上一邊講一邊寫。一堂講幾個世紀，閒
事。一眨眼便寫了滿板字，閒事。黑板上的字如果不是一邊聽一邊抄，
管保無人認得，因為那是英文體的中文。梅先生的口才很好，最平淡的
史料，從他口中講出也娓娓動聽。同學們有時只顧聽，卻忘了寫……」
【4】關潔，〈關存英先生略傳〉，《培正中學通訊》第 134 期。

鍾景輝在《丟失的禮
帽》的演出，獲香港教
育司署頒發「最佳男演
員獎」。

得同學心。」

話雖如此，當年培正的學習氣氛實在熾熱，《忠社同學錄》這
樣寫：「我們對功課態度亦毫不鬆懈，不但獨善其身，而且在
課餘時還得協助其他同學，溫習小組相繼成立……我們又能利
用假期，作集體自修功課，或敦請老師講學……」即使終日忙
劇社的鍾景輝亦不遑多讓，習慣把課本帶去排練，抓緊等候的
時間讀書，自覺比留在家裏更能專注。

1955 年，培正呈准當時的教育司署，假中學禮堂上演《君子好述》籌款，協助興建 65 週年紀念校舍。一連四晚的演出，每晚觀眾逾千，成功籌得港幣 46,000 多元，算進通脹即約 2010 年代的 90 多萬元。【5】

男主角鍾景輝這樣回憶：「紅藍劇社的凝聚力很強，因為戲劇是綜合藝術，需要合作，一個人做不到。那次成功鼓舞了同學，學校禮堂好多磚頭都是我們籌回來的。能夠用熱愛的戲劇和自己的精力參與有意義的事，感覺非常好。」這事還登上 5 月 12 日的《星島日報》，當中提道：「演員中，鍾景輝君的蒲仙納德最好，他的一舉一動都成了詩⋯⋯」

「他的一舉一動，都成了詩。」單單讀文字，也教人神往。但那些年的鍾景輝，不只是劇場王子。

鍾景輝，聰穎機智，卓犖不凡，極多技能。獲本屆校運個人全場冠軍，兩任紅藍劇社主席，並連膺兩屆全港校際戲劇比賽個人演技最優獎，名震一時。又長於攝影，包埋沖晒放大。對舞藝亦有高深研究，常為同窗密友之教師。多才多藝，前途無限，難怪收信特多，羨煞人也。

1955 年《忠社同學錄》

《忠社同學錄》記載了鍾景輝的文武兼備，除了「最佳男演員」，

【5】康梓泠，《寬實清和・鍾景輝》，山海出版有限公司，2012 年，頁 31。

除了劇場王子，鍾景輝（最後一排右二）也是學生時代的運動健將。攝於 1954 年培正中學校運會。

還是學校田徑隊成員，尤擅短跑，校園生活比忙碌更忙碌。一回，他晚上才踏完台板為學校籌款，翌日早上就要到全港校際運動會參賽；最後校長特准他演出後在宿舍借宿一宵，養足精神為學校出戰。這樣的「風頭躉」，難怪「收信特多」。但鍾景輝輕描淡寫，笑笑回應：「我常常有一個想法，無論你做得多好，總有人比你好，只是不知道何時出現。所以我不去挑戰任何人，而是挑戰自己的能力。至於那些信，都是從外邊寄到學校來約吃飯的，我沒理會……也不算多啦。」

兩奪校際比賽最佳演員獎，加上公開演出和傳媒報道，鍾景輝的名聲早就傳到校門之外。高中二、三年級時，導演秦劍找他拍電影。秦劍以才氣見稱，30 歲已拍下 30 多部作品，1953 年

的《慈母淚》更是轟動，在他手上發亮的新生代演員計有林翠、謝賢、嘉玲等，全部炙手可熱。機會難逢，鍾景輝求問老師，可是大家都建議他先讀好書。「我覺得他們說得對。況且當年我對戲劇認識淺薄，想多尋求知識。」鍾景輝說。

名導演要發掘明星，可是鍾景輝追求的卻是戲劇的知識殿堂。問題是，當年要在香港走上職業劇場，可謂前無去路，「根本是零（機會）。沒有舞台技巧訓練的機會，莫說本地的高等學院沒有戲劇科，即使到外國進修，回來也找不到工作，因為香港連大會堂【6】都未有。」簡言之，那個時代花大錢老遠跑到外國讀戲劇，可算笑話一則；而且在大多數香港人眼中，明星就是明星，談什麼演員？

「可是我依然抱持很大的希望。那兩年想了很多——十七八歲的我，假如還有五六十年命，將來怎樣才會活得開心？」這些思考令他的心意變得清澄：「我選擇戲劇，因為會令我以後都活得開心。」

50年代內地風雲變色，不少畢業同學紛紛北上，參與吉凶未卜的新世代；鍾景輝則投入另一種冒險。那時家庭經濟環境未足以支持他到海外升學，加上戲劇比工、商、醫科更難申請獎學金，他問准開明的父親，決定先留在香港作好準備，靜候機會出國。「為了尋找戲劇的真善美，即使『豉油撈飯』我都可以。我訂

【6】大會堂是香港第一座公共文娛中心，在1962年3月2日落成開幕。

下底線，在外國讀書回來，若找不到戲劇工作，總可以到小學教 ABC 吧？那樣的話，我就與學生一起辦劇團籌備話劇——只要沾到戲劇的邊。」

1955 年，鍾景輝告別每天踏單車到窩打老道的中學生涯，帶著培正的戲劇訓練和在校園確立的人生志向，步向未知——忠社的「忠」有各種意涵，他則用生命演繹「忠於自己的理想」。

他報讀當年的崇基學院【7】（香港中文大學創校書院之一）英文系，希望打好語文基礎，多接觸外國戲劇和文學。有了清晰目標，鍾景輝加倍努力，當別的大學生外出遊玩，他就躲起來查字典譯劇本，在 1957 年崇基學院戲劇展覽自編自導自演翻譯作品《危險的角落》，兩年半間瘋狂啃學分，也見證了書院遷進馬料水永久校址的重要里程。1958 年他離開崇基，入讀美國奧克拉荷瑪浸會大學（Oklahoma Baptist University）演講與戲劇系三年級，可惜很快便感到不能滿足所想——美國的學士課程側重通識，他渴求的是深入鑽研。但他沒讓自己失望太久，翌年轉讀耶魯大學成為戲劇學院（Yale School of Drama）的藝術碩士研究生，也是當年 170 多個新生中，唯一一張亞洲面孔。

「唸奧克拉荷瑪浸會大學時，我雖登上 Dean's Honor Roll（院長榮譽榜）和 President's Honor Roll（校長榮譽榜），但畢竟未修畢學士，不知道耶魯何以願意提前取錄。後來我想，也許是因

為自己有很強的推薦信。我請關存英老師寫信，【8】沒想到他代邀林子豐校長（時任香港浸會書院校長，即今日的香港浸會大學前身）執筆，崇基書院和奧克拉荷瑪州浸會大學也有老師推薦。」

終於得到夢寐以求的學習機會，鍾景輝像海綿般努力吸收。耶魯的學習深且闊，從戲劇史到導演和演技理論，再來形體、現代舞、舞台、燈光、服裝設計等，還未算上小組實習和每週背誦三個長篇劇本的功課。英文是最大障礙，但鍾景輝總算挺過來，找到自己的學習節奏，更不時到附近的劇院看劇觀摩。

一面兼收並蓄，一面倒數著回港的日子。

「出發當天已經決定，我會回來。像我這樣受戲劇訓練的人，那邊多一個不多、少一個不少，香港卻非常缺乏。當然我們比別人落後很多，但反而成為空間，可以從頭做起。如果有機會，我希望為香港戲劇發展出一分力——雖然那時只有等待，也不知道會不會有機會，有機會的話那又是什麼……」

【7】之前曾提及，中華人民共和國成立後陸續接管內地的基督教大學。香港教會為承傳這些大學的辦學使命，在 1951 年成立崇基學院，並在禮拜堂懸掛起一塊鑿鏤了 13 間基督教大學校徽的木刻，包括葉惠康曾經短暫入讀的燕京大學。

【8】《培正中學通訊》第 134 期記載了羅慷烈的回憶片段：「景輝對他（關存英）情感深厚，他逝世前已經退休，景輝已畢業多年，而我早就離開培正了。一天傍晚，他（關存英）的妹夫（張奕文，同樣任教於培正中學，英文科）忽然打來電話報喪，我馬上跑到殯儀館，既不見他的嫡親妹妹，也不見他的妹夫，只見鍾景輝一個人坐在冷清清的小靈堂！這件事令我十分感動，現在雖然相隔 20 幾年，還是歷歷如在目前。」後來鍾景輝參與籌款，設立忠社紀念關存英獎學金。

第一個機會乘著航空信件到來。鍾景輝就讀耶魯第二年，香港浸會書院首任副校長兼教務長晏務理（Maurice J. Anderson）邀他畢業後回港任教，「真是意外之喜，因為當年學校還沒有導演或演藝科，怎會想到我？他問我有沒有興趣，我當然有！」這成為他戲劇教育的開端：先教英文和英文戲劇，之後設立選修課程教演講和演技，距離夢想踏前了一大步。

接下來的事情，大家都耳熟能詳了。正如鍾景輝所預期，正正因為香港戲劇藝術起步慢，留下給勇敢的人探索的空間也就更遼闊。而且機會來時，他早有準備——

1965 年，鍾景輝申請獎學金往紐約大學（New York University, NYU）研究院進修電視電影，同年無綫電視取得牌照，籌備免費電視頻道。1966 年，無綫副總經理黃錫照從崇基書院姚克教授【9】口中知道鍾景輝，去信美國邀請他加盟。1967 年鍾景輝學成歸來，先完成浸會書院的合約，再加盟無綫，以節目經理身份參與創作長壽綜藝節目《歡樂今宵》，也策劃了《太平山下》和《夢斷情天》等劇集。1971 年，他創辦「無綫電視藝員訓練班」應對演員荒，學員計有周潤發、甘國亮、伍衛國等。1976 年，鍾景輝投身麗的電視成為節目總監，創辦「亞洲業餘歌唱大賽」，發掘了張國榮。

那是香港電視光輝的一頁，鍾景輝以領航員姿態參與其中，見

證它的起飛；但與此同時，他從沒停止惦念自己藝術生命中的錨。

「舞台，一定是舞台。」鍾景輝說得斬釘截鐵：「再沒有別的藝術，能像舞台那麼貼近人心。舞台都是現場演出，以人（演員）的本身去接觸人（觀眾）的心靈，中間沒有攝影機那些媒介的參與。在戲劇裏，你更了解人、了解人生、了解生老病死。所以我對於描寫人性的劇本特別有興趣，願意從很多很多不同劇本中，不斷探究人之所以為人。」

鍾景輝曾經向自己作出「假如無法以舞台為職業，便想辦法走業餘路線」的許諾，他果然努力實踐。在電視台的工作進行得如火如荼之際，他在 1973 年與資深演員兼戲劇導師陳有后組成香港電視劇團，在利舞臺演出《清宮怨》。待至 1977 年，香港終於擁有自己的專業劇團，鍾景輝兼任香港話劇團藝術總顧問，三年後更導演首個以粵語演出的百老匯音樂劇《夢斷城西》（*West Side Story*）。1983 年香港演藝學院籌備成立，鍾景輝獲邀擔任戲劇學院創院院長，翌年辭卻麗的電視的崗位，再一次擔負起開拓者的角色。

「作為香港第一間專業戲劇學院，最困難的是找老師，因為在此地受過戲劇訓練兼懂得講廣東話的老師不多。捱過這一關，發展便順暢了。看學生成長和成熟是最開心的事，這算得上是我

【9】著名劇作家姚克是《清宮怨》作者，也是耶魯大學戲劇學院的第一個中國碩士生，算起來是鍾景輝的學長。

作為本港劇場的拓荒者，鍾景輝謙稱自己的舞台人生是「享樂」。

人生最重要的崗位，因為有關傳承，責任重大。」

說罷，他笑了起來：「我有一個嗜好，但凡未有人做過的東西，我都想試。」

但這不是笑話。鍾景輝是香港高等學院開課授戲的第一人，曾參與創立香港第一個無線電視台，是香港第一個專業劇團的藝術總監，亦是香港第一間專業戲劇學院第一任院長……曾經是「零」的香港劇場和劇場教育，在他具開啟意義的參與下，逐漸發展起來。鍾景輝口中的香港劇場雖然「還在走、努力中」，但是假如今日再有少年人一心嚮往劇場，他不必被看成笑話——像當年那個中學生。

我第一次踏上台板演話劇是於 1950 年在培正中學的舞台上演出莫里哀的《刻薄成家》。回頭一想，已經是 60 年前的事了。60 年來，除了 1975 年我沒有參加舞台工作外，[10] 其餘 59 年我都與舞台工作結下不解緣。回想起來，在這十年中我參與的舞台劇目逾 100 齣，有些工作竟連自己也有點數不清。

《戲劇大師鍾景輝的戲劇藝術之舞台篇》序〈六十年的享樂〉

「60 年的享樂」引領鍾景輝 12 次以「最佳導演」或「最佳男主角」身份踏上香港舞台劇獎的頒獎台，還得到香港藝術家年獎（舞台導演）和戲劇成就獎等，旅程非常豐盛。

「回頭看，人生的機會好重要。但是一定要準備好，否則只會白白錯過。」鍾景輝說。

【10】鍾景輝後來表示自己在書中的回憶有誤，作出修正：他在 1975 年為浸會書院籌款導演《小城風光》，演出的有著名演員汪明荃。即是 60 年來沒離開過舞台。

數學是最美風景
——蕭蔭堂

小學四年級，與澳門培正同學野餐，前左三是蕭蔭堂。

1949 年廣州解放前夕,為避戰火現場,舉家飛港。本擬候數
天俟息戰安民後重返家園,無奈事與願違,避地港澳瞬間數
十載。

蕭蔭堂,〈往事難忘〉,寫於正社 50 週年紀慶。

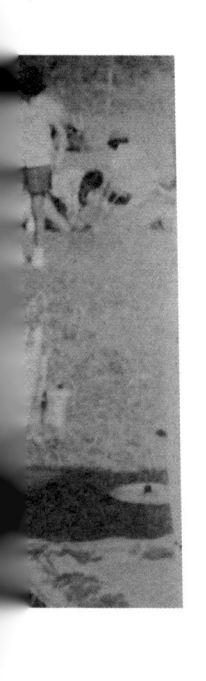

那年,六歲的蕭蔭堂來到澳門,對科學和數理的
初體驗也在那裏發生。

先是澳門大笪地。某日,小小蕭蔭堂在地攤尋寶
撿到便宜貨,那些無線電零件據說是韓戰留下的
美軍物資,看來先進又新淨。他不懂組裝,但無
礙萌芽中的科學精神——他見過鄰家孩子用嶄新
零件成功裝嵌,認為自己手上的物資雖然稍遜,
但非遙不可及。

從來,別的孩子上街玩,他愛留在家中做實驗。
「我長得矮小、跑得慢,人家分組挑隊員玩捉,

我總是最後才被選上。」但是一個人不孤單，因為新玩意一件接一件。他曾經迷上攝影，把放大機改裝成土炮鏡頭，到中藥舖買大蘇打（硫代硫酸鈉）代替昂貴的定影液，沖曬出影像幢幢的相片。他又自製肥皂，惜質地太粗糙不宜洗澡，「媽媽見我可憐，跟我討來洗衣服，說很有用。」

一頭栽進無線電實驗的那年，蕭蔭堂十歲。家貧，他和長三歲的哥哥共住工人房，一個睡木板，一個睡帆布床。「哥哥順著我，讓我把東西全部攤放在他的木板床上弄。我買來平價燒焊槍和鋁片底板，埋頭苦幹，直至他要睡，才把東西堆到床下，翌日再來。」他誤打誤撞，先是接駁簡單的礦石收音機線路，後來發現自己起碼得懂一點理論才成，於是開始翻書，似懂非懂地鑽研克希荷夫電壓定律（Kirchhoff's Circuit Laws）和馬克士威方程組（Maxwell's Equations）等電路學原理。這樣斷斷續續摸索兩年，一部雜七夾八的超外差收音機居然研製成功。接收到訊息那一刻，蕭蔭堂欣喜莫名。

首次體驗科學理論之玄奧，嘆為觀止，畢生不移。

蕭蔭堂，〈往事難忘〉，寫於正社 50 週年紀慶。

這次體驗令蕭蔭堂記取了「理論之玄奧」，令人入迷的程度甚至超越實驗本身。至於對數學的興趣，則在澳門培正的暑期班埋下種子。學姊黃慕貞為學弟妹義教幾何理論，從古希臘「幾

何學之父」歐幾里德（Euclid）說起，超出小學生程度，卻打開了蕭蔭堂的眼界——原來可以用推理一步一步趨近答案，孰對孰錯一目了然，帶來一種奇異的安全感和吸引力。

當時他沒想過，數學會成為自己一輩子的追求。

在澳門，蕭蔭堂悠忽著過日子，投入一個接一個的玩意，直至七年後家中遭受頓挫：爸爸的棉紗布疋批發生意押注失利。為幫補家計，他先被安排學做裁縫，後來計劃有變，被送到一水之隔的香港報考工專。爸爸好友之妻在那兒任教，提及工專有航海無線電收發員課程，只花一兩年便賺得一門技術。爸爸以為，這對愛玩無線電的兒子最適合不過。

那些改變人生軌跡的事情，有的很相關，有的很重大，有一些教人意想不到。最終令蕭蔭堂沒走上無線電收發員之路的，竟然是一樁家庭糾紛。嫂子原本答應代取申請表，卻因為跟丈夫嘔氣，最終沒拿到，而人在香港的蕭蔭堂也就錯過入學試。此時澳門友人梁熾焜來港投考培正中學，蕭爸爸見兒子天天閒著，讓他一道去，沒想到獲得取錄，1956年成為初中三插班生。

「中國人不學外語」，這是蕭爸爸當年的堅持，沒想到害慘兒子。入學之初，蕭蔭堂的英文程度近乎零，默書最痛苦：本來就聽不懂，遑論默寫出來。他唯有另闢蹊徑，查得老師從哪幾

本書中抽默字句，便像從前學古文那樣囫圇吞棗，從頭到尾背得爛熟。

他從小喜歡文史哲，在澳門讀了很多古典，中文底子不俗，至於數學表現更是優秀，常常贏得鍾偉光和黃逸樵等老師的稱許，「他們多強調我的長處，給我鼓勵，這對新生來說非常重要。也許是光環效應，漸漸地，我的英文也進步了。」

蕭蔭堂彷彿走進知識樂園，非常享受。而他的學習不單在課堂上，更在於自主的探索。家住上環，一有餘暇，他就跑到雪廠街的英國文化協會和中上環的書局，既可博覽群書，又能享受當時奢侈的冷氣空調。「我看到兩種學習方式，一是從課本學習，一是自己發掘知識背後的故事。譬如說，我們為何研究這段歷史？當年社會經歷了什麼，方才成就某人的發現？掌握了脈絡，自然更明白載入課本的東西，而且自己發掘的知識，特別叫自己歡喜。」

求知路上，學歷不高的爸爸也為兒子擔起一個獨特角色。

每天清晨五時，爸爸都喚醒蕭蔭堂到「兵頭花園」（香港動植物公園）散步，在晨曦中天南地北，有時分享生意經，有時討論文史哲，有時要求兒子講述學習心得——那時蕭蔭堂在學海遇上的理論，來自牛頓（Newton）、馬克士威（Maxwell）、愛因

1975 年，蕭蔭堂（右
一）與梁寒淡老師（左
一）和康顯揚老師（左
二）在澳門培正。

斯坦（Einstein）、海森堡（Heisenberg），位位都是科學巨人。
「爸爸年少時讀私塾，智商高、好奇心重，而且很有自信。一
次，他指中國人早就參透事情的相對性，何必崇洋，把愛因斯
坦捧上天？我說『相對論』沒那麼簡單，有些東西相對，有些
絕對，至於怎樣相對也有說法。他聽不明白，氣悶起來，便責
怪我學得不精，否則必能把箇中道理說清楚。」聊完，二人聯
袂到得雲茶樓早茗，爸爸習慣為蕭蔭堂叫一盅牛肉飯，著他吃
完快快過「對面海」上課。那一輩鮮在人前流露情感，但父子
間細水長流，積累深厚。

這樣的約會，在蕭蔭堂整個中學生涯差不多天天進行。為了應
付爸爸的挑戰，他常常在腦海把學到的知識反芻提煉，去蕪存

菁，嘗試淺白地演繹出來，成為另類思考訓練。

家父慣用一語，現教學數十載，仍引為箴砭：「聽者未懂，全因講者未真明白之故。」自此我習慣以不同知識背景、角度、層面看事物理論，得益良多。我在美執教後，每回港均與家父似在「兵頭花園」時討論，廣涉時局、經濟、文史哲、科學、人際等領域。迨至家父輕微中風後辭世前，一次討論中，家父倏言，腦已力不從心，無法處理交談資料。我頓感黯然銷魂，數十載回憶湧現腦際，懼樹欲靜風不息之期不遠，無限傷感。

蕭蔭堂，〈往事難忘〉，寫於正社 50 週年紀慶。

蕭蔭堂住得遠，鮮參與課後活動，但還是在培正留下不少快樂的搗蛋回憶，譬如小息偶爾參與擲粉刷，還有屢戰屢敗的「拗手瓜」。但有一回，他差點被轉到港島東區的金文泰中學去。【1】

「因為官立中學學費較便宜。做生意的爸爸覺得前景複雜，希望減少支出，而且還要負擔弟妹們在其他學校的學費。」蕭蔭堂說：「我當然不想離開，但沒辦法。」

蕭蔭堂生性隨和，不打算為自己爭取，但另有一人對此非常上心。郭仲武跟蕭蔭堂同窗，相交始於古典文學，「他知多識廣，語言能力強，在很多方面都有天賦。那時香港人不重視古典，他發現我懂得多，便找我當談話對手。我說：堂堂中國人不要

學外語。他要我換個角度：堂堂中國人更要通曉所有主要語言。在他的影響下，我也涉獵了更多不同的學問。」

郭仲武看事情的眼光比同齡成熟，一次，他說起要去尖沙咀中德文化中心學德文，臨時起意，邀蕭蔭堂同行。「我說自己沒交學費，怎麼成？他說德國政府辦這課程是為了宣揚自家文化，才不介意少賺你幾塊錢。最後我去聽了一課，果然沒人反對。當時的中學生很少像郭仲武那樣，用這種高度思考。」

這對好友的關係既親密，又帶點良性競爭。某次二人從中環徒步到筲箕灣，路上比拼背誦唐詩，蕭蔭堂沒走多遠便揮光肚內墨水，但郭仲武繼續琅琅上口。「我啞然，問他究竟懂得幾多？他說唐詩有近六萬首，自己記住了一萬，以後還要記下更多。原來他想集唐人句，用唐詩寫文章。」

有句話叫「皇帝不急太監急」，蕭蔭堂偶與郭仲武提及轉校，後者便逕自動員起來。他請自己的爸爸透過潮州同鄉的人脈聯繫林子豐校長，又找黃文輝同學讓他的爸爸、校董會主席黃汝光博士【2】寫信，建議降低蕭蔭堂的學費。眾人合力，成功把蕭蔭堂留在培正。

「當年他做了很多串連，有些細節是在他身故後，才由其弟轉告。」

【1】有趣的是，多年後蕭蔭堂與金文泰中學攀上關係：其妻黃秀芳之父親黃少明任教金文泰中學數十年，後晉升為校長。

【2】黃汝光博士 1927 年畢業於培正，在 1960 至 1980 年代間擔任培正中學校監 20 年。

高中畢業禮上，蕭蔭堂
代表畢業生致詞。

《正社同學錄》有蕭蔭堂的介紹，寥寥幾句，他「胸有萬卷書，筆無半點塵」的美好形象便躍然紙上，莊諧並至，引發浮想聯翩，正正出自好友郭仲武的手筆——

Supreme 久負盛名，識其人者極稱道之。蓋其胸有萬卷書，筆無半點塵，思力剛銳，才氣超邁——復能待人以誠，為人解疑難，毫無倦意也。神采俊逸，其 supreme 之處，無待於言。文德兼備，古今所難，此君備之；惜手瓜不靈，輒為人所壓服耳。

1960 年《正社同學錄》

蕭蔭堂和郭仲武二人之優秀，在同屆同學中光芒四射。次年畢業的善社學弟胡劍豪後來這樣寫：「回想在高中時，在上一屆

蕭蔭堂、郭仲武皓月之明的光輝下，在黃逸樵老師眼中，我們顯得黯淡無光。」【3】

這個重要的朋友後來入讀美國哥倫比亞大學（Columbia University）數學系，期間為保釣運動勤寫評論，「文革」時海歸內地，滿腔熱血服務祖國，但只待了半年，後返回美國任職電腦公司，一切恍如隔世。「相知多年，他理解我的思想演化，我也明白他的思想演化。每個人都有自己的歷程。」蕭蔭堂言猶而未盡，一臉唏噓。

因經濟所限，中學畢業後，蕭蔭堂無緣隨同學赴美升學。他申請香港大學，以五個高級科目及兩個普通級科目應試。由於培正的中文課程不銜接，化學老師張啟滇向他建議四、五本英文考試用書。蕭蔭堂原本打算舊調重彈，悉數背誦，奈何本本數百頁，根本背不下。他氣悶起來，逕自跑到書局，直接向店員要「最薄那本化學應考書！」然後一本「搞掂」。

1960 年，蕭蔭堂獲獎學金入讀香港大學，選了四個科目：兩科數學，一科德文，至於中文則挑得有點為難。事緣文學院院長林仰山【4】注意到這個新生亮麗的中文成績，不准他棄選，「我說自己從前確實鍾愛古典，背誦了很多，但現在已經失去興趣。

【3】善社胡劍豪，〈在善社 55 年〉，《三藩市培正同學會第九十期通訊》。
【4】1952 年香港大學中文系邀聘原任教山東齊魯大學的英國人林仰山（Frederick Seguier Drake）教授出任講座教授兼系主任，後來更兼任文學院院長。

他說，當代青年鮮有那樣的文史哲底子，你不得不讀。」於是蕭蔭堂成為中文科班上的蹺課王。

香港大學的生活，至少為蕭蔭堂的人生帶來兩件大好事：一是找到擅長的運動。從小被歸類「運動神經不發達」，即使是小屁孩玩的「兵捉賊」也坐冷板凳，連培正體育老師都用「縱蕭蔭堂亦可為之」來激勵班上同學努力。可是人在港大，他發現天生的「雞手鴨腳」原來可以佐泳，這個「遲熟」的游泳健將還在比賽中屢破紀錄。

二是在港大基督徒團契，結識到後來成為妻子的黃秀芳。

秀芳天生麗質，脂粉嫌污，復才華閃爍，其言藹如。容德才俱備，古今難遇。我雖後知後覺，晚解人事，亦怦然心動，驚為天人。追求秀芳者魚貫如鯽，幸赤繩繫足於創世前，大學三年最珍貴者，遇知心比翼，畢生濡沫共翱翔。

蕭蔭堂，〈往事難忘〉，寫於正社 50 週年紀慶。

蕭蔭堂也更篤定地走上研究數學之路——人生第一次迷上數學，是在澳門培正暑期班；第二次則在港大，學會數學是怎樣用有限的描述來刻劃無限，以及背後的邏輯思維結構。「那是以無限步驟漸進地逼近答案，譬如把 1/2、1/4、1/8 等數值一直相加，每次加入先前一半，無限次之後，得出的『和』會愈

高中三時，蕭蔭堂（右二）與泳隊成員合照；升大學後，他的泳術得到進一步發揮。

來愈趨近實數『1』，可是永遠不會達到。」

寥寥幾個符號，簡潔又緊密地打通了數學的「任督二脈」，堪稱優雅。從牛頓和戈特弗里德‧萊布尼茨（Gottfried Wilhelm Leibniz）發明微積分開始，這門數學分支便被批評為「憑直覺」和「不夠嚴密」，直至後來者終於成功「以有涯窮無涯」，不單改變了研究微積分的軌跡，還把數學提升為科學的語言，重繪人類的生活面貌。「那是人類思想的重要轉捩點，沒有它，便不會有現代文明。」蕭蔭堂說。

在個人層面，他得到一片全新的認知板塊。

「人是懶惰的，總希望把複雜事情歸納為簡單原則，追求『一言以蔽之』的智慧，在這層面上，所有人類知識，包括文學、宗教和數學等，一樣共通。唯數學有一特點，就是它的結論清清楚楚，並無爭議性。

「數學是完全講求邏輯的，只有對和錯，像拼圖那樣，對的那塊才拼得進圖像。至於其他學科的發展就像看一幅相片，開始時用初級電腦，一切朦朦朧朧；可是經科學家一點一滴地釐清、補充，錯了然後修正，相片愈見清晰。兩者是不同的挑戰、帶來不同的滿足感。

「我為人隨和，不愛爭拗，所以喜歡無可辯駁的東西。」

畢業在即，蕭蔭堂獲獎學金負笈德國，出發前才得悉因學制差異，必須在當地重讀本科，他覺得不合理決定放棄。唯此時要另覓出路，非常狼狽，因為已經不夠時間向海外大學郵寄索取申請表了。他靈機一觸，向同學討來一疊剩下的報名表格，捧去向數學系系主任黃用諏教授請教，對方抽起寫著明尼蘇達大學（University of Minnesota）的那張。就那一抽，蕭蔭堂的目的地從德國換成美國。

他先到明尼蘇達大學修畢碩士，翌年轉到普林斯頓大學（Princeton University）修讀博士。卻沒想到自己在校園埋頭演算

之時，香港局勢漸趨動盪。1966 年 4 月 4 日，蘇守忠在中環天星碼頭絕食抗議小輪加價，一石激起千重浪。4 月 5 日，九龍有數百群眾徹夜遊行示威。4 月 6 日，示威演變成「九龍騷動」，政府頒令宵禁。4 月 7 日，軍警開槍射死一人。4 月 10 日，騷動落幕，政府隨後成立四人委員會調查。

蕭爸爸來函告之香港亂局，竟像當年舉家逃離廣州前的景況，恐小島被文化大革命禍延，朝不保夕，遂叮囑兒子立刻輟學覓職，擔起家庭經濟的重任。

蕭蔭堂的博士論文導師 Robert C. Gunning 教授知道後，吃了一驚，連連勸退，指他既已修業到最後一年，何不完成，以賺取更佳工作酬勞？但蕭蔭堂「有苦自己知」：「我知道，可是我必須現在便開始賺錢。」

見學生心意已決，老師倏地轉換話題：「我們有一段日子沒見面了，不如說說你的研究？」蕭蔭堂乖乖站到黑板前，把論文進度娓娓道來。報告完畢，老師說：「我這樣看，你的研究材料已經足夠，不如當下就畢業。」那是週五下午，老師著他週一早上再來，原來還安排了工作，讓他到中西部的普渡大學（Purdue University）教書，那兒的理學院院長是老師的老朋友。

才一個週末，蕭蔭堂便修成博士並找到工作，全屬意料之外，

蕭蔭堂提前畢業，23歲在普度大學任職助理教授。

「我的研究材料充足，但是可以做得更好。老師接受它為博士論文，還安排教職，是對我照顧有加，給我機會。」Gunning 教授為人親切，教學風趣，蕭蔭堂猶記得他偶爾在黑板寫錯內容，「起初我奇怪他怎會如此『烏龍』？後來才明白那是故意的，他要引起興趣，鼓勵學生指出錯處。」

要是沒有老師的心念一轉，蕭蔭堂便輟學了，也許會像同學那樣到電腦公司謀職，於是當世傑出數學家的行列中，便缺一人。

機緣真堪玩味。一路走來，蕭蔭堂曾經差一點點當上小裁縫、成為電報員、任職電腦公司……無論於任何一個分叉點出走，都會步入截然不同的人生路。「好險？也許。」他純真地笑了起

來，然後稍一正色，續說：「這些經歷都不是計劃好的，每一步都不能自決，像被牽著走進某種命運當中。」

巧遇多位前輩無私賞識提攜……業途僥倖，不盡銜恩感戴。所羅門傳道書云：「快跑者未必得贏，力戰者未必得勝，最終得失者視乎機遇也。」其此之謂歟！

蕭蔭堂，〈往事難忘〉，寫於正社 50 週年紀慶。

1967 年，即成為普渡大學助理教授後翌年，蕭蔭堂與黃秀芳成婚，並轉到聖母大學（University of Notre Dame）任教，就近妻子的工作地點。1970 年，他獲耶魯大學（Yale University）委任終身職，其時年僅 27 歲。之後數年間，蕭家添兩兒，促使他接受史丹福大學（Stanford University）邀約再次轉職，於 1978 年舉家西遷加州三藩市。

「在耶魯時，兒子說起希望頭髮變成金色，令我擔心他的身份認同，會否以為自己是異類？（相對於耶魯所在的康乃狄克州）在加州生活的中國人較多，橫跨不同階層和職業，不只在餐館工作。」蕭蔭堂說：「我們決定為孩子換個環境。」

三藩市還有一個好處：那兒有十多個正社學友的家庭，有些在學時已經熟絡，有些後來才加深認識，大家的兒女輩年紀相若，約定每月輪流到一個家庭聚頭。異地重逢，培正的根、舊金山的

蕭蔭堂於 1990 年獲香
港大學頒授名譽學位時
致答謝詞。

共同生活經驗，把他們緊緊扣連。時針在這些晚上走得特別快，
閒話家常得差不多，大人先讓孩子換上睡衣，然後各自歸家。

駛回史丹福的家約需一小時，窗外夜涼如水，車廂內彷彿還留
著 6,000 英里以外那個城市的餘香與餘溫。兩孩早已呼呼入睡，
到埗後可以直接抱上小床。稚兒曾問起爸爸的中文名字為何
叫「drink soup」（「蔭堂」和「飲湯」的廣東話發音相近），此
刻不知他們夢的是中文還是英語？

**同學頻相過從，開懷暢敘，濟濟一堂，洵人生賞心樂事。蘭
亭梓澤，亦無以過之。當年情境，至今依依，不勝懷念。**

蕭蔭堂，〈往事難忘〉，寫於正社 50 週年紀慶。

這樣的日子過了四年後，蕭蔭堂轉到哈佛大學（Harvard University）執教。時光荏苒，至今 30 多載，他的學術成果豐碩，在多元複分析及複幾何的研究領域有卓越貢獻，曾三度【5】獲邀於國際數學家大會（International Congress of Mathematicians）【6】發表演說，更在 1993 年獲美國數學會（American Mathematical Society）頒發 Stefan Bergman Prize，同時又是美國文理科學院院士、美國國家科學院院士、中國科學院外籍院士、中央研究院院士、德國哥廷根科學院（Akademie der Wissenschaften zu Göttingen）通訊院士、香港科學院院士。

子曰「七十而從心所欲」，今年七十有六的蕭蔭堂，心之所欲依然是數學。

「我對探索知識的態度，早在培正形成，譬如接觸儒家思想哲學。那兒豐富的數學土壤，老師的鼓勵關懷，同學同行砥礪，都深深影響了我。

「不同階段，對人生的看法都有不同。所謂訪問，每每問出不一樣的東西。不過假如問對數學的看法，我卻始終如一。每門學問的成熟都會導引人們作新嘗試，因此數學的焦點或有改變，但本質變化不大，這也是我始終鍾愛的原因。」

【5】分別在 1978、1983 和 2002 年。
【6】國際數學家大會由國際數學聯盟主辦，是高水平的全球性數學科學學術會議。首屆大會於 1897 年在瑞士蘇黎世舉行，1900 年巴黎大會之後每四年舉行一次，除兩次世界大戰外，未嘗中斷。曾獲邀在大會報告的數學家，都獲公認為走在研究前沿的世界頂尖數學人才。

2010 年與老瑞麒老師
（左二）、師母（左三）
與太太黃秀芳（右一）
合照。

世情紛亂，尋找答案的努力常常徒勞，可是在數學裏，彷彿有
某種永恆存在。「煩擾時我會埋頭數學，那兒容易處理些，像
個避風港……哈哈。可能有人視作『鴕鳥政策』，但那是一種恢
復心境平靜的轉換方式。

「話說回來，解不開的數學難題也會令人挫敗。有時死不服氣，
『死做爛做』，睡不著覺。有時以為成功，翌日醒來竟發現是自
我欺騙。不過，這些困擾並非來自爭議——爭議須要與人拗個
面紅耳熱，孰對孰錯有時誰也說不清，它們都走不進數學平靜
的世界。數學有另有困擾，邏輯上的困擾。」

多個歐洲數學界朋友近年或退休或過身，令蕭蔭堂對數學的追

求，添了一種新迫切。

「這些年來（在研究裏）開了很多火頭，有時不覺進了歧路，
有時實在沒法子走下去，我便記錄箇中難處，暫且放下——cut
the loss（止蝕）。那時我告訴自己：日後定必回頭。

「年輕人前看常常看到無限，可是到了某個階段，慢慢便發覺不
然。我發現自己積累下來的已經太多，於是開始回頭整理。有
一個感覺：要是未解的難題都能在自己手上了結，我就很滿意
了。即使解不來，整理所得，留傳下去也好。這談不上不留遺
憾，只是有效利用餘下不多的時間。而且對於數學，我依然心
嚮往之。」

**雖諱避言老，然瀕界耄齡，齒危髮禿，暗裏自知。餘陰倍感
珍惜，日暮途遠，更欲揚鞭策馬趕前程。所冀望者，終有日，
無可奈何花落去，其時可自告慰，人生路上已盡瘁奔馳，而
今而後，庶幾無愧。**

蕭蔭堂，〈往事難忘〉，寫於正社 50 週年紀慶。

人生難得遇上喜歡的東西，投入到最後、熱愛到最後，「有人說
在大學教書像是學生時代的延續，不是真正的工作，我一直同
感，覺得自己窮一生在校園求知。我喜歡探索知識，整理思考，
希望在某方面對世界貢獻。回頭看，有此機緣，實在感恩。」

哈佛學者創業記
——廖約克

廖約克，號曰雞，其德有五：性活潑，誠懇，卓卓然有君子之風，一德也。上課性活潑，以出怪主意作消遣，一鳴驚人，二德也。喜研「死光」、「火星人」科學奇材，三德也。專術數而精理化，擅國學而長外文，成績斐然，四德也。研習攝影技術曾有金榜提名時，五德也。

1963 年《真社同學錄》

廖約克在 1957 年入讀培正中學。「我可以很深刻地講一句，那年代培正沒階級觀念，沒人炫耀財富，即使成績差點也不會抬不起頭，六年間同學常常一起露營爬山看戲，60 多年後還經常聚頭。就讀時以為本該如此，成長後才感到那種純真和凝聚力非常可貴。」

他認為那種校園氣氛跟時代背景和老師情操有關。當年校內不少師資均來自廣州培正，不單是名師，更是甘願追隨學校南下遠走、堪稱共患難的戰友，「我看到他們全心為教育，即使到港後待遇稍遜，也不作他想。」因為他們，廖約克在學時曾經想像，自己長大後也要做老師。

印象最深是推行校內數學課程改革的主力之一的朱達三老師。朱達三是 1926 年廣州培正奮志社學長，換言之尚有另一重身份——為母校打拼的大師兄。前香港培正校長林英豪曾經這樣記述：

（朱達三）1936 年夏重返東山執教，授鵬社高中一課程，理組數學本摒棄「3S 幾何學」而採用 Godfrey & Liddens 之「近代幾何學」，使學生對幾何學有新的概念（該書美國一些初級大學用作教本）。課程難度稍高，但同學學習甚感興趣。朱師教法精簡，授課時間不盡用。授立體幾何學手執兩支織針，幾番手勢便將直線與平面在空間關係闡明清楚矣。

林英豪（前香港培正中學校長，1939 年級鵬社），〈懷念何宗頤師與朱達三師〉。[1]

廖約克在校的 60 年代，朱達三 50 開外，上過戰場、在三地教過書、完成數學改革、培育出一代代的紅藍兒女。千帆過盡，他在廖約克記憶中是這樣的：「朱達三老師講解兩句便覺得你們應該明白，翻開課本剔剔剔叫大家做題目，自己則坐下來看武俠小說。」同學不懂，先是互相探問，然後胡攪蠻纏，有人更擲紙飛機玩到一塊，唯廖約克死心眼地埋頭苦幹，每遇解不開的題目便主動請教。

他忘記自己是怎樣發現的，總之就是知道，眼前懶洋洋的老師實則深藏不露，數學造詣非常高。好幾次，他眉頭打結、拿著課本走到講台前請教，未及開口，老師已然批中：「是第 X 題

廖約克（左三）與林湛
（左二）及朱達三（左
四）兩位老師合影

嗎？」高手早就洞見癥結，專門等著大家來問，而且一解就通。

「很佩服，為什麼我偏偏看不到他能看到的？我覺得數學充滿
挑戰，燃起更大的求知慾。以後無論他發下什麼堂課，我立即
做、馬上問。」廖約克說：「他是教我最少，卻令我得益最多的
老師。」

張啟滇是另一類名師，不獨對化學滾瓜爛熟，而且非常投入培
育學生。由於課程銜接和教學語言問題，當年培正學生升讀香
港大學的機會甚微，多負笈海外，偏偏張啟滇有種鬥志，常常
激勵學生另闢門路挑戰，「他以把學生送進港大為榮，教的如
原子結構根本超越中學課程要求。他說話風趣，重視實驗，我

【1】《香港培正同學會通訊》第 165 期，頁 75。

很喜歡上他的課。」張啟滇常叮囑學生「戰時像平時，平時像戰時」，既是操練心法，也是人生哲理。

團隊中當然也有泛泛之輩。譬如有老師兼任坊間補習社，試前總會泄露部分題目當貼士，「臨近考試，我天天在家砌收音機玩無線電，（上補習班的）同學則輪流上門送貼士，因為他們不懂得做。更荒謬是，我的答案一個傳一個，最後回傳給我，即是全班都知道了！」說完，他詼諧地笑了起來。

把聰穎借給全班用，可以想像，廖約克人緣甚好。用他的說法，培正留給他最重要的是「待人以誠，互相提升」。

中六那年，廖約克自修參加應用數學公開試，以亮麗成績獲港大取錄，但志不在此。他懷著多看先進科技的心情申請到外國升學，1963 年獲全額獎學金入讀美國加州理工學院（California Institute of Technology），四年後取得物理學士學位，再在 1968 年和 1973 年成為哈佛大學（Harvard University）的碩士和博士。

「我多少有點運氣。媽媽在英文中學教書，對學英文有某種執著，所以我的英語能力較強，融入美國生活不算難。有獎學金，經濟上也不難，沒課便打工，做過不同工種開了眼界；也曾到中國城做義工，用拼音書教移民子弟說普通話，自己邊教邊學。」至於周恩來總理比作「海外五四運動」的 70 年代保衛釣

魚台學運，他參與其中作過激昂演說，【2】鼓動不少人心。

廖約克的大學路看起來諸事順利，除卻關於個人前途的一個小小的焦慮——他愈來愈不確定，自己是否鑽研物理的料子。

「選物理是因為諾貝爾物理學獎得主費曼教授（Richard P. Feynman），他有名氣又有個人魅力，獲邀到學校演講，萬人空巷，我簡直覺得他來自另一個星球。同屆同學都一窩蜂跑去讀物理，如此迷人的學科，焉能不讀？哪會想到物理那麼難、裏頭『叻人』那麼多？」廖約克說得坦率：「後來我兼任實驗室助理，看到學長做研究辛苦到不得了，也很榮幸跟科學界的華裔教授交流，覺得自己跟他們是兩碼子事。對我來說，離開香港最大的衝擊是看到人外有人、天外有天，這其實是好事。」

大學第四年，他自判不會成為出色的物理學家，卻也不想落入三流之列，進退維谷，多番思量終於找到折衷方法：從理論物理轉到應用物理，即是針對實際用途而進行研究的物理。「那以後，教書、創業到工業，我一生都走這條路。」

「一生走這路」五個字，回顧時說比較容易；可是對於昔日站

【2】江關生在《中共在香港》下卷（1949-2012）頁281至283記錄了這一筆：「1970年美國和日本對釣魚台的私相授受，首先引起了留美學生的強烈抗議，更激起了全球華人反日的民族主義情緒。在哈佛讀博士的香港留學生廖約克發表演說，句句扣人心弦：『我們所愛的是中國，是有著5,000年歷史，七萬萬同胞，每一寸土地都馨香，每一棵草木都芬芳的唯一的中國。』當他問到『中國人站起來了沒有啊？』時，滿場群眾霍然起立……」

1969 年在哈佛大學。
廖約克在這裏把研究方
向從理論物理調整到應
用物理,以後「一生都
走這條路」。

路口面對人生抉擇的年輕人,卻太沉重。所以有一回,廖約
克決定出走,而牽出他這段人生小岔路的,卻是近代中國一
宗大事──

中國跟聯合國有著盤根錯節的歷史。早在 1945 年聯合國成立
之初,中華民國是《聯合國憲章》首個簽署國;可是四年後的
1949 年,神州拔旗易幟,國民政府退走台灣,為聯合國留下一
道國際級難題──究竟誰能代表中國? 1971 年,主張「驅逐蔣
介石代表」的阿爾巴尼亞提案列入聯合國大會議程表決,眼看
大勢已去,國民政府代表宣讀退出聲明後率團離開,中華人民

共和國從此成為聯合國唯一的中國合法代表。

紛紛擾擾 22 年，代表權之爭終於畫下階段性休止號，海峽兩岸一邊悲鳴「聯合國成立時的信念已遭背叛」，[3]另一邊歡呼「中國外交取得重大勝利」。至於隔了一個太平洋，遠在美國修讀最後一年博士課程的廖約克，則在翌年參加聯合國中文口譯員的招聘試。

香港《文匯報》這樣報道：「從 1972 年開始，到 70 年代結束，聯合國紐約總部等地通過公開考試，吸收了大批海外華人，這成為聯合國文官任用歷史上空前絕後的特例。這些新來的翻譯……多數是持中國護照的華僑，他們大多未經過專業語言技巧訓練，其專業背景主要是理工科。」[4]

其中一個獲取錄的理工科學生是廖約克，「波士頓有大批同學到聯合國應試，叫我一起玩，只要懂普通話和英文就成。之後中國代表團游說我半工讀，一次次催促上班，可是到了紐約我怎樣做實驗？我還差一年畢業，可不能功虧一簣。」最後他還是提前完成學位，春季離校。教授氣他浪費生命，修成物理博士卻跑去幹不相干的活；廖約克解釋這是非常時期，而且自己不會做一世傳譯，他也坦率地說：「況且我讀物理那麼多年，感覺好疲乏。」

【3】中華民國外交部長周書楷率團離席前發言的聲音記錄，https://www.youtube.com/watch?v=Q08fBW_YAq4
【4】〈揭秘中文在聯合國的故事〉，香港《文匯報》，2009 年 7 月 6 日。

他從訓練生開始口譯員生涯，不斷參加考試以取得專業資格，之後被派到世界各地。周遊列國帶來殊多體驗，但僅此而已，「那時文革將盡，我們跟中國官員的交流只停留在技術層面，大家不敢多說。」

與此同時，廖約克對於離開實驗室，竟又萌生遺憾。一年後，在港英政府當土木工程師的爸爸害重病，沒想到成為他重置人生的機會。作為長子，他請假回港為爸爸做一個重要的手術決定，後來乾脆向聯合國遞辭呈，決定留在家人身邊。離職前，他乘工作之便，帶大病初癒的爸爸和媽媽到盛產潔淨空氣與名錶的瑞士，休養三個月。「瑞士街頭到處都是錶行，賣的都是行錶針的機械錶，沒想到當中有一隻跳字錶！我一看便知錶面是液晶製的，大吃一驚！我在哈佛研究的正是它，當時只知道能製成顯示器，卻未見過成品。」同行的爸爸聽了大樂。從前無論兒子怎樣解釋自己的研究項目，他都一頭霧水——也難怪，那論文題目叫〈層列型液晶的布里元散射〉【5】——這次終於看得到了。

液晶是液態晶體，既可流動，又擁有結晶的光學性質，今日被廣泛應用來做液晶顯示器（Liquid Crystal Display，簡稱 LCD），人人家裏大概都能找到幾件相關產品，可是廖約克隨 Peter S. Pershan 教授埋頭苦幹的那年頭，液晶只是實驗室的千奇百怪之一。「題目是教授選的，最初我什麼都不懂，只知道他願意收

我為徒，我便學著做。期間有新發現，也出版了稍具份量的論文，但根本不會應用，以為畢業了研究也就完了。只是人生哪有定數？」

眼前的跳字錶開價數千元，比勞力士還貴。廖約克捨不得買，卻又捨不得放棄——畢竟它連結了自己在哈佛六個寒暑的日日夜夜，而且只見過這一隻啊！在瑞士開會期間，他每次經過店舖都進去議價，來來回回，鍥而不捨，最終還是花掉一整個月薪金買下來送給爸爸。爸爸回港後每每戴來跟親友吃飯，不厭其煩解釋兒子的研究，自豪極了。

「誰知戴了一年便壞，因為技術未成熟，不持久。」廖約克笑說。但這個反高潮為他的工作帶來重要的啟發：「我看到它的可能。」

1974 年，廖約克加入高錕為香港中文大學成立的電子系（現稱電子工程學系）。他喜歡教書，而且漸漸悟出一個道理：老師這角色本來無關痛癢，最重要是別破壞學生的學習興趣，畢竟有動機才能繼續。至於研究，廖約克不作他想，一心一意建立專門研製液晶顯示器的實驗室。開始時無人問津，一兩年後工廠老闆來挖角，打算投產電子錶。「他帶我參觀生產線，我看完後說，你廠裏做的我一竅不通，與其從頭學起，不如介紹學生。」那老闆果然聘用了他的學生。

【5】 Y. Liao, N. A. Clark and P. S. Pershan, "Brillouin scattering from smectic liquid crystals", Phys. Rev. Lett. 30, 639 (1973).

這邀請讓廖約克看到電子錶發展的苗頭，於是更專注地跟進，包括新產品和業內的科技突破等。他把事情告訴隔壁同事張樹成——上海企業家之子、研究固態電子學的英國回流博士。「從認識那天，他就不斷投訴教書『悶到抽筋』，要找機會離開。我說我不知道有什麼可以做，但這個文件夾集齊 LCD 行業的資料，我覺得有潛力，送你了。」廖約克說，那句「送你了」真心誠意，因為他從不認為自己懂得做生意。張樹成看完非常興奮，連說「一定得」，游說廖約克加入。同一疊沉甸甸的文件，看在科學家眼裏是研究，交到實業家手上是商機。

今日廖約克回頭看，當年投身液晶顯示器生意，簡直集齊天時地利人和。

差不多五個世紀，精密而複雜的機械原理主導鐘錶業發展，但電子錶這後起之秀卻走上截然不同的路——只需電子晶片和液晶顯示器。「它的崛起對機械錶市場帶來衝擊，畢竟電子機芯無論在哪裏生產都能準確計時，無關傳統工藝，也無關潔淨空氣。就是說，即使我躲在烏煙瘴氣的廚房砌電子錶，跟你在瑞士隱世名廠砌成的機械錶一樣準，還可以便宜地大量生產。」

70 年代的香港本來就是全球鐘錶零件的生產基地，擅做錶殼，卻不會做機械機芯，「可香港的電子業早有基礎，兩項技術結合起來做電子錶正好，只差顯示器，那正是我們要填補的缺。」

當時只有美國掌握液晶顯示器的生產技術，廖約克在哈佛的師兄參與其中，多多少少知道葫蘆裏賣什麼藥。那門技術刁鑽而成本高，廖約克在實驗室成功複製美國的生產線，規模雖小，但好歹做出雛型。

「我告訴張樹成：實驗室做到的，不代表有把握投資生產，但好處是目前全世界沒幾個人懂，而且液晶顯示器非常『渴市』，差不多做得到便賣得出，根本不用市場推廣。」廖約克說：「換言之，最重要的不是商業而是技術挑戰——後者我可以。」

天時地利之後，還要人和。張樹成最後集合了包括電子系教授和技術員在內共八人，在 1978 年創立精電有限公司，「張樹成有遠見，知道這些人個個關鍵，要不是創辦人，日後定留不住，所以借錢出來也要我們全部入股。」廖約克說：「這八人從大學到公司，此後多年合作無間。」

暑假裏，工作全速進行，一面集資找廠房，另一面從美國訂製昂貴的儀器。期間廖約克到巴黎參加有關研發液晶的國際會議，那是他自 1973 年哈佛畢業後，每年的例行公事。但那一年不例行。「之前從沒日本人參與會議，但那次傾巢而出。我嗅到古怪，走去攀談，有教授直率地告訴我，日本已經成功研發新液晶技術，生產又快又便宜，突破電子錶發展的瓶頸。他沒透露太多，但我一聽不得了，回來立即召集生意拍檔做重大決

定：要麼放棄，要麼全盤學日本人那套。如果現在才來學美國，不出兩年必定大蝕，連渣都不剩。」

一切推倒重來，他們立即取消訂美國訂單，並且嘗試複製日本技術——就憑廖約克在會場探問得來的幾個關鍵詞。說到底，他一直知道技術的樽頸位，離解題只差一個提示。

八人中獨廖約克依然在中大有教職，能夠使用實驗室，於是他開始一個人無日無夜的測試。當中一個測試的週期特別長，12小時後才有結果，於是他抓緊時間，每晚臨走前做完，翌日一早驗收，晚上調整重做，一頭栽進反反覆覆的實驗中，渾忘時間。一次，他深夜離開發現建築物大門上了鎖，唯有從窗口跳出去；另一次，外國朋友夜半來電，他才想起那是平安夜。那是365日天天不歇的瘋狂實驗，「我是拚老命了，只知道做不成便什麼也休想。」

工作伙伴承受另一種壓力。有一日，張樹成忽然衝進實驗室找廖約克，看樣子想談事情，卻又強忍著把話吞下肚，臨走一句：「算了不煩你。」兩週後他和盤托出：「當日銀行要封廠，不過問著你也沒用，還好捱過了。」那以後精電開始有收入，還是可觀的收入。他們果然捱過去了。

剛投產時，他們的出品有千奇百怪的不及格，譬如光學顯示出

精電有限公司位於馬來
西亞的辦公室

錯，數字看來就像墨水筆「漏墨」，可是這些都不及買家的反
應古怪——貨品一出便搶清光，有人帶著本票天天開車來取貨；
有人修改錶殼來遷就尺寸錯誤的顯示器；有人說「爛的也要，
能出門用就好，慢慢再改」。買家還三不五時拿產品回來，告
訴廖約克哪裏出錯，助他邊做邊學，天天跟時間對賽。那時不
單香港，全世界都需要液晶顯示器，「現在回想，那種『渴市』
程度，荒唐至極。」

1970 年代香港鐘錶開始邁向更高科技的層次。1974 年，香港
錶廠成功產出第一隻 LED 電子手錶，令香港鐘錶業出口大增，
1975 年輸出 25 萬隻電子錶，總值達 5,000 萬港元。可惜早期
的 LED 顯示技術不穩定，港商其後在 1977 至 78 年改產全新

的 LCD 跳字錶。1979 年，香港手錶出口達 7,339 萬隻，其中七成為電子錶，當年成為全球產量第一的地區，風頭一時無兩。

《香港鐘錶業發展指南》，香港生產力促進局。【6】

一年後精電站穩陣腳，廖約克向中大辭職。說到底，系內同仁對於他的「大分心」早有微言，卻沒想到系主任陳之藩教授落力挽留，希望留住一個懂工業的人，助學系發展。陳之藩在後來的訪問也提及這節：「張樹成與廖約克共同出去開創精電公司，員工以千人計……我們整個電子系成了他們公司的人源補給站，我是用 MIT 的模式來維護來鼓勵他們，阻住外來的風雨。他們的成功使港人佩服，每每提起，我就感到驕傲。」【7】

這間由學者牽頭成立的公司，1991 年在香港聯合交易所上市，至今依然緊跟世界科技潮流，把 LCD 應用到手機、電子手帳、電子書、汽車儀表板上。

今日廖約克已經退休多年，當年創業的驚濤駭浪成為佳話，後來還出任多項公職，包括香港學術及職業資歷評審局主席和大學教育資助委員會卓越學科領域小組委員會主席等，不少跟教育有關。最新添加的身份，是基層中學生低調的補習老師。【8】

「那是單對單補習，每週一次。我覺得他們有需要又有心學習，橫豎自己有時間，便去幫忙，對我來說只是很小的付出。體會

是，基層學生跟不上課堂進度，家裏又沒人能教，如果勉強升班，程度只會愈加墮後，他們需要及時的幫忙。我想到自己的孩子和孫兒，大家的起步點真箇大不同。

「互聯網上已有大量知識，也提供了很多輔助方法，譬如Flipped Classroom。【9】我們可以錄影出色的老師講課，讓學生慢慢看、重複看。問題是，資質好的學生看完就懂得，程度稍遜的怎樣扶持？我想像同學們五人一組，由像朱達三那樣的老師坐鎮，學生遇問題便拿出來，解通了便過關，否則學習前路寸步難行。

「今時今日的教育，不能再以知識傳遞為最主要的任務了，因為人人手持智能電話，等於一整套百科全書，甚至一整個美國國會圖書館。人人都可以在裏頭尋找知識，我們最缺乏的是人際關係和經驗實踐。」

廖約克從學生到博士，從下海講師到開創企業，然後再次回到教學現場——彷彿回到最初。

【6】香港鐘錶業總會及香港生產力促進局，《香港鐘錶業發展指南》，2012年，頁20。
【7】〈湖邊漫步——訪陳之藩教授〉，香港中文大學聯合電子學系通訊《聯合邁進》，第二期，2008年2月，頁六。
【8】「陳校長免費補習天地」安排的補習。該機構召集社會各界的有心人士擔任義務導師，為貧窮學生提供免費一對一或小組補習支援。
【9】即「翻轉課堂」，學生課前在家中看網上教材備課理解基本內容，上課時由老師引領討論及活動，探討較艱深的部分。

捱過二千八百次拒絕
——周松崗

周松崗說，培正中文教育帶來的國家民族觀念，
對自己影響至深。

夫士君子之處世也：不患名之不彰，而患德之不立；不患人
之莫己知，而患業之不成。何則？蓋人生之目的，非徒豐衣
食，擁虛聲而已也。將所以服務社會，福利人群者也。既無
所祈於人，又何所責於報？不觀乎大川喬嶽乎？其福澤之及
於後世者，不可以數計而周知。曾自詡其功以矜伐乎？

李孟標校長，1968 年《仁社同學錄》。

60 年代香港急速變化。製造業持續發展，工廠妹和加班成為新
日常；兩次旱災帶來「樓下閂水喉」的集體回憶，以及北來的
東江水；嬰兒潮的娃兒都到入學年齡了，港英政府大量擴充學
額追趕需求。但十年間最動蕩，還看「六七風暴」。1966 年，
內地爆發荒謬而殘忍的文化大革命，漣漪擴散到香港，數千個
真假「土製菠蘿」（自製炸彈）散落街頭，電台廣播員林彬【1】
連人帶車在文福道被縱火燒死，離培正中學只有 200 米⋯⋯

校門之外，人心躁動；但周松崗回憶中的中學生涯，依然有一
種安定的氛圍。

【1】林彬曾在電台節目批評「六七風暴」的暴力行為，1967 年 8 月
24 日，他在九龍何文田開車時被淋油伏擊，燒至重傷，翌日不治。為期
七個月的暴動共造成 50 多人死亡。

「大環境是不安的，內地政治局勢不清晰，港英管治信心動搖，畢竟這是『借來的地方、借來的時間』，但上一輩很保護年輕人。可能那時我還小，不懂得想太多，最大感受是老師關懷學生，同學友情深厚；最煩惱是考試，但我的成績也沒有大問題。」

入讀培正小學前，周松崗曾在土瓜灣農圃道官立小學上學，「那年頭學校不夠，政府在幾個地區放『火柴盒學校』【2】，裝幾個課室、擺些枱凳便告開學，學費一個月5元，【3】大部分學生都住在附近。」1955年港府推行《小學擴展的七年計劃》，農圃道官小是五間新建的官立小學之一。周松崗在那裏待四年後，由父親安排轉讀培正小學，從此天天從土瓜灣步行45分鐘到窩打老道上課。

父親周公諒畢業於廣州培正中學，是1931年競社校友，國共內戰後逃到香港，誕下兒子。兒子升讀培正中學後，爸爸也當上那兒的國文老師；只是前者念理組，後者教文組，六年間沒在課室上演過父子檔。

對於作為老師的爸爸，兒子記得兩件事：大考前夕，同學致電家中，查問周爸爸曾否說過某篇文章不用考，「我說我沒收過風聲！轉頭問爸爸，他點頭。但我老早就溫習好那一課了。」另一回在中學三年級，學校發通告要求學生改用毛筆寫週記，「我寫的第一篇週記就聲言反對，基本論調是我們必須與時並

進，畢竟原子筆都發明了，誰還用毛筆寫字？」沒想到班主任把他的週記呈給校長，校長又發還給爸爸，繞了一個圈回到家裏。

「爸爸說，行文角度可以接受，但不妨思考：毛筆字既然是中國的文化藝術，怎樣可以令學生認識這種國粹？」周松崗笑說：「我覺得，這個回應很文明，而且懷疑他可能有份提倡（毛筆寫週記）。」

他以旁觀者角度觀察父親對學生的用心，「爸爸下半生才當上老師，人生閱歷豐富，看學生常常從關懷出發：『此人學術資質不算突出，讀書真難，怎樣助他在另一方面發揮所長？』我很早便從他身上學到：用人所長，而非用人所短。」

我們永不能忘記他那泱泱丰度，他那慈祥面孔，和他那待學生如子女的愛心。周老師回母校服務的歷史不算長久。可是在這短短的幾年中，他那凡事親力親為，從不苟且的工作態度，在同事和學生之間已建立了一個崇高的聲譽。

1968 年《仁社同學錄》

吾輩眼中之『周公』，宅心仁厚，學問淵博，識解高超。平素居處有方，進退有度，面部常呈慈祥笑容，派然儒者之風。吾師對彼等，由之乎骨肉之親，告誡叮嚀，無微不至，而於

【2】1970 年代，政府修訂原本附建於公共房屋的學校設計，改為興建獨立校舍。由於新設計外形方正，設備簡陋，有「火柴盒學校」之稱。
【3】根據政府《年報》，可以從以下項目一窺 60 年代物價：豬肉每斤 3 元 2 角，牛肉每斤 3 元 8 角，英國製造的朱古力每磅 7 元 4 角等等。

1968年仁社有幾位教職員子女畢業，來個親子合照，包括周公諒（前排右三）和周松崗（後排右二）父子。

談笑之間，每語重心長，字珠璣，懇切警要，余等豈能不為之心動？

1973年《勤社同學錄》

周公諒協助培正同學創辦《紅藍文苑》刊物，又銳意培養他們的朗誦技巧，幾年間橫掃不少學界獎項。在仁社同學眼中，他有「崇高的聲譽」；晚仁社五年畢業的勤社同學，則以「余等豈能不為之心動」來形容老師。可惜他的人生中，只有八年能給培正學生。【4】

對於兒子，周公諒留下《論語‧子路第十三》中的一句話：「居處恭，執事敬，與人忠。」後來周松崗帶着它遊走各國，成為

人生格言。

當年殖民地政府不承認兩岸學術資格，令不少學養俱佳的老師雲集培正，周松崗印象最深卻是初出茅廬的何國斌老師。何國斌是 1958 年銳社舊生，畢業於「國立臺灣大學」中文系，比周松崗剛好長十歲。有培正校友記得，[5] 老師好教授《大學》和《中庸》等經典，挑的都是大學用書，往往要求背誦。見同學苦惱，他便鼓勵：「這些經典是 800 年內讀書人必讀的，現在，我們也要加入這 800 年的行列。」令一眾高中小子頓感光榮。

周松崗在中二上何國斌的課，特別記得某天他不教書，反而用大半堂時間提出一個問題：「為什麼我們不撒謊？」同學議論紛紛，有人指謊言致失信，有人說撒下的謊難免被揭穿，最後老師一錘定音：「全部不對，因為我們根本不該說謊。」

周松崗帶著老大的一個問號下課，疑惑老師何以偏要討論如此簡單的問題。直至升上大學，讀到 18 世紀德國哲學家康德（Immanuel Kant）的著作，才突然領悟：老師把出於義務的道德標準，與同學的功利主義對立起來。「回頭看，何老師講的

【4】1973 年，周公諒忽然在課上暈倒，送院後離世，《勤社同學錄》有此記錄：「1973 年 2 月 19 日，星期一，上午 10 時，老師於望班授課之際，突感不適，初覺暈眩，仍勉力講學，終搖搖欲墮，不支暈倒。即電召十字車送伊利沙白醫院急救，已入昏迷狀態，延至下午 2 時 3 刻，卒不治去世。噩耗傳來，余等瞠目不知所措，乃渾渾然聚集樓梯間，欲語無言，心頭縶重之情，不能言喻。」
【5】這來自後來成為臺大老師的昇社（1969 年）校友何澤恆，載於張錦華編的《臺大教學傑出教師的故事 4》，台灣：國立臺灣大學出版中心，2010 年，頁 18。

自由意志也來自康德。所謂意志的自由，必須伴隨自為立法的自律。中二學生哪裏聽得懂？」

但老師沒白費心思，因為求知的種子總會發芽。中六時，周松崗對「君子」這個概念燃起莫名好奇，從《論語》抄下所有相關字句，希望理出一個所以然，得出「君子沒有一個邏輯嚴謹的定義」這結論；後來有好一段日子，他沉醉於西方啟蒙時代的哲學，徜徉其中，好不享受。

周松崗，「肥仔」者流，蓋出於書香世家。性好玩、善言笑、辨是非、明事理者也。其為人也，頗具領導之才，且精於聲韻之學，故為本校銀樂隊之樑柱。其為學也，天資聰敏，識解高超，記憶力尤強，為光班文史之權威，更挾會考九尾之勢而任本刊編輯。

1968 年《仁社同學錄》

創立於 1957 年的香港培正銀樂隊，是培正生活另一道風景。有別於今天的學生從小接受樂器訓練，60 年代的培正銀樂隊行師徒制，由學長教導低年級同學，成員多在加入後才認真學習樂理。「今日很多人懷緬過去，誇獎那時師徒制的團隊精神，但其實當年是迫出來的，沒有專職導師的引導，只能自強不息。」

周松崗在培正銀樂隊初學的樂章是「雙鷹旗下進行曲」（*Under*

周松崗（左三）社交廣泛，仁社同學有180多名，畢業時他差不多全部認識了。圖為與部分銀樂隊成員合照。

the Double Eagle），這首奧地利進行曲來到中段，由中音色士風（Alto）獨奏四小節，負責的正是周松崗，但他怯了。「副隊長對我說：『若果是我，我就死命地吹，難得獨奏。』」他想想有道理，便努力挺住。

他在銀樂隊體驗不同的領導風格，有的學長擅於引領和鼓舞，有的放手讓學弟妹自行體會。又譬如耀社（1965年）學長曾邀隊員一起回家放《1812序曲》的黑膠唱片，那是俄國音樂家柴可夫斯基紀念俄法戰爭俄國大敗拿破崙的作品，蘇聯作家馬克西姆・高爾基這樣高度讚揚：「它以一種新的東西攫住你，把你高舉於時代之上，它的聲音表達出這一莊嚴的歷史時刻，極其成功地描繪了人民奮起保衛祖國的威力及其雄偉氣魄。」聽

培正銀樂隊在周松崗（後排最右）在學期間，成績輝煌。

的時候，學長沒多作引導，只是與成員一起感受；但這記憶已經烙印在周松崗的腦海。

幾年間，他從小弟變學長，與銀樂隊一起經歷輝煌，包括在1966 至 1968 年連續三屆蟬聯香港音樂節校際銀樂隊比賽王座。

周松崗長成興趣廣泛、社交也廣泛的青年，畢業時仁社 180 多位同學差不多全認識，又擔任《同學錄》編輯部長，用通俗演義的筆法撰寫班史，「話說光班多事之春已過，蟬聲甫起，已屆炎夏。同寅驚覺藝成下山之期已至，不覺灑了幾點英雄之淚。唱了句：『洒家真嬲！』」如此，他的培正生涯正式告終。

2018 年，即是剛好半個世紀後，周松崗以嘉賓身份返回母校參

加畢業典禮。在前後兩次畢業禮間，他取得化學工程和工商管理碩士、擔任過海外和本港多間大機構的行政總裁、獲英國冊封爵士，工作經驗遍及英、美、日本和澳洲，管理過工業氣體、汽車組件及軍用直升機、鐵路、銀行、香港交易所等各行各業。然而，在這許多經歷中，他挑了一個被拒絕了 2,800 次的暑假與師弟妹分享——

在美國升大學四年級前，他成為上門推銷員。「我的工作是設法入屋，向屋主推銷一本其實是字典加幾頁彩圖的『百科全書』。開場白通常是『你有沒有小孩子？你覺得是否應該給他良好教育？』」

「業務模式非常簡單：每日拍 50 道門，大概有十戶人家讓我入屋，最後四戶買書。每賣一本，我賺取 10 元美金，60 日暑假可得 2,400 元美金，足夠下一年的學費和住宿。我的銷售能力不弱，最難是應付拒絕。而拒絕的方式很多，有人一語不發，有人大力關門，有人張口大罵，有人恐嚇報警，有人放狗追我……我終於感受到什麼叫做『弱小心靈受損』，相當難受。很多次，我蹲在街角發呆，不想再敲下一道門，但是不幹下去就沒錢開學。」

終於，他捱過 2,800 次拒絕，賺夠學費返回校園。但故事未完：那以後他萌生一種新的勇氣，自覺可以嘗試各種看似不能成功

的事情，因為最糟糕也不過被拒絕，他笑說：「那時我處理被拒絕的能力和心態，簡直無與倫比。」這種態度可以賣書，可以「追女仔」，也可以用來邀請王子參加音樂會。

80年代，周松崗受命英國氧氣集團（The BOC Group）派駐日本四年，成為當地的董事總經理。某回，總公司安排歐洲青年交響樂團巡迴演出，日本辦公室列出一張載滿上流社會和工商業人士的賓客名單，但周松崗問，能邀皇太孫德仁王子【6】出席嗎？德仁王子曾在英國牛津大學攻讀，是日本皇室出國留學的第一人；他擅拉中提琴，是日本學習院大學校友交響樂團成員。「日本同事聽了幾乎嚇得跌倒，說從來沒人邀請皇室成員出席這類商業活動。我說何不一試？最壞也不過被拒絕。」

想不到日文邀請信一週後便得到回覆，皇室主管在信裏說：很不幸，你們把信寄錯了皇宮，也弄錯了皇室名銜，但是假如這兩點能更正，德仁王子願意考慮出席。最後，他果然來了，令出席的日本賓客目瞪口呆。

「幾年前遇上前任日本領事，我重提那次奇妙經歷，他笑說原來是你！日本人很講規矩，這事破格。」他說：「作新嘗試就要有失敗的準備，唯一可做的，是不重複自己的錯誤，也不要重複別人的，make mistakes in innovative ways（用創新的方式犯錯）！」在日本工作期間，周松崗還觀察到一種有趣的管理文化：決策

鐵路行政總裁一職，把
周松崗帶回香港。

一直在會議之外發生。「他們非常顧及團隊感受和利益分配，
執行和決策都一步一步地同時進行，邊做邊議，所以外國人難
以在會議上發揮影響力……

「說到底，每個地方都有不同的做事方法和價值觀，我們要放開
胸懷，了解背後的深層原因。我常常鼓勵年輕人把握機會，不
要只把眼光放在香港。」他鼓勵年輕人往外跑，自己卻在香港
歷史上其中一個最糟糕的年份【7】—— 2003 年——回歸，源於
獵頭的一通電話。

「對方問：你常常說回港退休，還是那樣打算嗎？我答是，但那

【6】德仁在 2019 年登基， 繼退位的父親明仁上皇後，成為第 126 代
日本天皇。
【7】2003 年的香港，先有沙士疫症在社區大爆發，後有港府強推《基
本法》第 23 條的立法程序，激發 50 萬人上街反對。

周松崗在香港交易及結算所六年，期間啟動了「滬港通」。

時我才 53 歲。對方又問：你在香港認識多少人？我答不多，都是舊同學和老朋友。對方說，你做這個職位的話，從特首到販夫走卒，想認識誰便誰。」

原來香港地鐵有限公司（香港鐵路有限公司前身）招聘行政總裁，接替退下來的蘇澤光。周松崗第一個反應是自己不懂鐵路，但獵頭解釋那不單是鐵路，還是地產項目。那通對話後，他查看當年恒生指數的 32 隻成份股，「我有兩個不：一不做家族生意，因為從來都是獨立管理人，不懂得服從『老細』；二不做國企，因為決策都來自北京。那樣只餘四間企業：地鐵、香港交易所、滙豐和恒生銀行。」那條貫通港九新界的鐵路終於把周松崗帶回家——他在地鐵擔任總裁八年，在香港交易及

結算所任主席六年，最新職務是市區重建局董事會主席。

周松崗也踏足本地政治圈，獲委任為行政會議成員，加入兩任特區行政長官的內閣。「有人說我面面俱圓，我會說我的圓是圓通，不是圓滑，就一字之差。圓滑有阿諛奉承，見人講人話，見鬼講鬼話的負面意思；圓通則是用顧及別人感受和用別人可以接受的方式走自己的路，不隨便開罪人，令前行舉步維艱。」

回顧培正對自己最重要的影響，他說是中文教育帶來的國家民族觀念。

「當時不察覺，但從前讀的中國文化、歷史和哲學，原來早已滲透一生。經典上每一句話來到不同的人生階段，感悟不同。像《易經》，有人用來卜算，但它其實規範了中國人的思想行為；簡單說，我們的思想和生活都在潛移默化中受《易經》影響，所以用它來占卜才那麼準確。

「西方有句話"Education is what remains after one has forgotten what one has learned in school"（教育就是把在學校學的忘精光後，剩下來的東西）。成年後，我差不多半輩子都在西方生活，做事方式也變得國際化，可是核心價值仍然是中國人。

「可能這就是培正教育的真正效果。」

何建宗（後排左三）的宗教生活始於培正

諸君多年敍首，情同手足，一旦分道揚鑣，自是萍踪無定。
但願勿忘培正一家之精神，常通訊息，彼此關懷，莫以境遷
時移，交情有渝。昔人訂交，有所謂車笠之盟者，言友誼深篤，
不因貴賤而異也。

林英豪校長，1975 年《昕社同學錄》。

何建宗說，每天早上，他手機裏的培正校友
WhatsApp 群組都注滿新信息，「天天四五十條，
從加拿大、英國、美國、澳洲不同時區不同時間
發出。大家口沒遮攔、真心流露，誰個生病，組
裏的醫生護士便一個個『彈』出來教吃藥教調
理，久病成醫的也來熱心分享。正如當年培正老
師說：『人生最真情的朋友是中學同學。』而從
培正『一條龍』教育出來的，友誼又特別深厚。」

「某次跟崔琦那屆的學長傾偈，他驕傲地說輝社
出了 20 多個博士；我開玩笑說：『我們昕社沒那
麼多，可能是因為出了 13 對夫婦檔吧！』」他哈

與當時的同學、後來的
太太馮劍勵在粉嶺浸會
園參與夏令營。

哈大笑,然後補充:「培正傳統,是老同學見面不談學歷和職
業,誰是總裁誰是小職員都無妨,總之無分階級,雖然人人經
歷不一樣,但最重要曾經是同學!」

那十多對夫妻檔中,有何建宗和馮劍勵伉儷。兩口子在學時沒
拍拖,畢業後才重逢相知,不久結為連理。閒閒一數,何家的
紅藍兒女人強馬壯,先有何建宗和兩個哥哥,然後是太太,小
輩則有何建宗的兒子韶博,以及唸初中的雙胞胎外甥孫。

何家三兄弟在學期間,爸爸是商行職員,收入不豐,學費成為
負擔,幸好孩子都懂事,努力讀書,以獎學金和助學金完成學
業。何偉宗(1968年仁社)和何耀宗(1970年謙社)成績出眾,

前者是會考狀元兼八校聯考【1】成績最佳的考生，後者亦獲畢業班「品學兼優獎」。哥哥出名，兄弟又長得像，可憐小弟常常被老師學長叫錯名字。

「有沒有壓力？哈哈！記得某年派考卷，三科 100 分，一科 96，我自以為威風，沒想到回家後媽媽只淡然一句：『為什麼這科只得 96 分？』」何建宗笑言：「也好，讓我學懂謙卑和剛毅。從小到大，我都認定『100 分』才是考試『合格』的應有分數。回頭想，分數起落很自然，跟所有事情一樣，都只是追求改進的過程而已，不是嗎？」

何建宗雖非出自四世三公之門，卻是書香之後。為人聰穎風趣，樸素隨和，實在是位理想朋友。平日熱心宗教，是虔誠之基督徒。對生物、化學最為擅長，常以 KEYMAN 自稱，雖然有點口出大言，但確有其過人之處。日後定當成為卓爾不群的人物。

1975 年《昕社同學錄》

回憶中的校園團結而有凝聚力，何建宗認為母語教學發揮了很大作用，因為老師不必糾纏於以外國語言來講授各門知識，省下很多課時天南地北，同學在課餘也有更多心力參與文娛活動。培正的很多老師本是學長，同學尤其喜歡纏著他們聽校友威水史和見聞，哪個獲美國名校取錄、誰的研究成績卓越……

【1】當年八間私立專上學院合辦的聯校入學試。

中學時，何建宗已對出國讀書充滿憧憬，但要待中文大學畢業後方可圓夢。

何建宗對這個情景印象尤深：學長揮別親友，踏上遠洋郵輪前赴北美升學，卻發現船上的培正校友竟佔上二三十個，每次進餐都非得唱完校歌才動箸，非常自豪，也異常矚目⋯⋯課室裏的少年聽得心往神馳，元神早就飄到甲板上跟學長一起放歌，也夢想著追隨他們的腳步負笈海外。

可惜何家家境並不充裕，為免再添父母辛勞，何建宗決意留港，選上生物科。「唸中學時，我比較喜歡生物學。雖然培正的數學強，但純數太抽象，研究機器又較刻板，我還是喜歡研究花草和動物，生氣勃勃些。爸爸曾問我何不讀醫科？是專業人士呀！但我『沙膽』地回答：生老病死雖是人生必然，但我最怕醫不好病人自己會傷心，面對不了那憂傷！感謝爸爸只輕輕一

句：『那麼你自己努力闖天下，我不勉強你，行行出狀元！』」

1975 年 9 月，他踏入香港中文大學的校園，在山水之間上課。

記得一個早晨，要教 8 時 30 分的課，熹微中乘校車到達山頂。剛下車，竟「啊」的叫了出來。吐露港的明澈映進疲倦的瞳孔，剎那間竟喚醒了故鄉的山水。原來吐露港驟雨剛停，樹和草都流動著新綠，明亮晶瑩。遼闊而平靜的海面，光暗有致的水色一泓接一泓。遠近的山巒，都在柔和的黛色中聆聽空間的寂靜。那一刻，時空相交於一點，蜻蜓靜止於水面。望海的人也走出了時間，走入了明朝、宋朝、五代的山水。

〈馬料水〉，黃國彬。【2】

大學山腳下有吐露港，是著名詩人兼學者黃國彬筆下「幾百萬頃的湛藍」。它映入文人眼簾，孕育出 70 年代的「沙田文學」流派；【3】看在生物系學生何建宗眼裏，卻激發出對水生態的好奇，為大半輩子的學術研究豎立起點。

那年頭，城門河畔和吐露港口正經歷大規模填海，移山造地成為「沙田新市鎮」。何建宗記得自己當新鮮人（freshman）時坐柴油火車回校，火炭車站還在水邊，可是待至畢業前，整個馬場已從原本的水裏冒出，同學更紛紛進投注站兼職。沙田馬場

【2】黃國彬散文著作〈馬料水〉，《琥珀光（沙田文叢之八）》，香港：香港出版有限公司，1992 年，頁 3-7。
【3】70 年代中，文人學者包括余光中、黃國彬、梁錫華、黃維樑等，在中文大學的山水薰染下創作出大量詩詞和散文，會聚成文學上的「沙田派」。黃國彬當年擔任大一英語科老師，何建宗曾經是他的學生。

在 1978 年開幕，採集了 1,600 萬噸泥土，夷平四個山頭，填出 250 英畝土地，只花五年，把汪洋變成醉生夢死的博彩地。滄海桑田，縮時播放。

城市高速發展的代價之一，就是污染。二年級某夜，何建宗沿大學車站路步下斜坡，俯瞰吐露港，驚見一片赤紅。起初他以為是染料污染——那時火炭河【4】河岸開設了染料廠，廠裏染什麼顏色的布，河流就被染成什麼顏色，紅橙黃綠天天不同，已成日常。可是系裏的師兄告之，那次他看到的是「紅潮」，即是水中的浮游藻類暴發繁殖，體內色素染紅海面。自此，他對這些紅紅綠綠、簡單而古老的浮游生物，產生莫名好奇。

黃銘洪教授是何建宗的啟蒙老師，引領他一步步走入污染生態學和微藻類的世界。二年級暑假，黃教授帶學生到上水向紡織廠討棉花廢料，又在街頭巷尾的涼茶舖收集涼茶渣和蔗渣，回到實驗室一一泡進水裏，看哪一種用來繁殖微藻最佳。三年級，他們到馬鞍山一帶採集大型藻類，檢驗重金屬含量，了解環境污染的影響。畢業在即，何建宗請教科研之路，黃銘洪教授推薦他到英國進修環境資源科學。

1980 年，何建宗終於實現放洋心願，到英國曼徹斯特市的索爾福德大學（University of Salford）研究河流生態，學成後取得理學碩士學位，並在家人支持下報讀利物浦大學（University of

Liverpool）的博士課程。他考取獎學金，並且趁暑假到「雜碎舖」【5】做黑工儲錢，希望減輕家庭的負擔。開學在即，他向索爾福德大學的指導老師 Dr. Pugh Thomas 和 Dr. Stan Frost 辭行，沒想到兩位前輩的坦率分析，激發他重新思考、甚至調整自己的人生軌跡。

「他們說：『Ho，【6】你絕對有能力讀完博士課程，但你這時唸博士，很可能一生就在大學裏度過。你或會成為優哉游哉的中產階級，或會寫出很多論文、帶領很多研究生，可是研究課題難免離地，更談不上對世界有實質貢獻。環保講求應用，必須到現場熬日子才能找到問題的最佳解決之道。何況英國的環境科學人才有的是，反觀中國經濟剛剛起飛，香港的污染也愈來愈嚴重，你的家鄉更需要你！建議你還是回去找一份專業的工作，先為社會做實事、累積經驗，將來再覓良機兼讀博士。』」

何建宗說：「這兩位老師的忠言讜言激發了我。我想，自己讀了那麼多書，如果最後只能做天馬行空的研究，而且僅僅貢獻英國，真沒意思。可能跟培正教育也有點關係，我們用中文教學，家國觀念比『番書仔』【7】強。讀聖賢書，所為何事？」

碩士畢業後，何建宗返回香港，翌年加入由英國人和「番書仔」主導的環境保護處（環保處）。【8】工作頭五年，除了自己，在

【4】昔日火炭河是城門河支流，今日已經修築為火炭明渠。
【5】「雜碎舖」是居英華人對廉價中式餐館的叫法
【6】英國老師常把何建宗的姓氏（Surname）誤作名字（First Name）
【7】「番書仔」當年普遍指在英文學校讀書，或留學海外的香港人。
【8】環保處在 1986 年改組易名「環境保護署」（環保署）

辦公室沒遇過其他中大或培正畢業生，「那時殖民地文化根深蒂固，歧視和偏頗層出不窮。」他敢怒不敢言，多年後始發現原來上天早有安排，昔日啃下的黃連一一變成寶，築成自己的人脈。【9】

入職那年，立法局剛通過水質、空氣、噪音和廢物傾卸四大污染防治法例，何建宗順理成章加入環保處的「水質政策組」，主責海水和河流監察、撰寫和執行法規等。「同事不知哪來的『氣質』，想起中學國文科那課《西門豹治鄴》，給我起花名叫『河（何）伯』。」何建宗沒好氣地笑說：「河伯本是神話裏的水神，但故事中當官那位非但不懂治水，更硬要丟『姑娘仔』進河送死『酬神』，真不知好氣還是好笑。」

港產「河伯」當然懂得治水，更在當年環保處訂定的「七大優先處理河道」上，留下很多足印。

「七條河分佈新界和離島各處，我熟得不得了，閉上眼睛都說得出地勢特色。」吐露港及其集水區，包括林村河和城門河等，也屬優先處理的水域，「它備受重視，一來面積大，二來未被嚴重污染。反觀當年的維多利亞港早就『黑掹掹』，缺乏生態價值，政府只列作航運、避風塘和抽取沖廁水等用途，曾經連渡海泳都停辦。」【10】

80 年代的吐露港，70% 污染物來自大圍和沙田等地的畜牧業，餘下 30% 則是未經處理的生活污水和工業排放。吐露港獨特的地勢，令污染物無路可逃，就像沒入三角燒瓶，難以從狹窄的瓶口流出去稀釋，「水流潮退時前行三米，潮漲退兩米。假設我們從城門河丟一個水樽進水裏，當年起碼要等 44 天，它才能乘著水流到達塔門，流動速度極之緩慢。」

高濃度污染物在近乎密閉的狀態中，會刺激藻類生長，加上如火如荼的填海工程把海灣愈縮愈小，終令吐露港成為重災區。單單在 1989 年，環保署就在那裏記錄了 43 次紅潮暴發，十日不到便來一樁。

也因此，吐露港在國際學術界中「賺」得很不一樣的名聲，「研究紅潮的外地朋友來開會，嚷著說一定要去參觀，都成為學術『景點』了。」何建宗搔著頭，頑皮地嘿嘿笑了起來。

試從研究學者的目光出發：吐露港的唯一出口是向東北的赤門海峽，污染物一旦流入內海，便難以流出大海稀釋，環境參數容易處理。當年正值污染高峰期，污染物中的氮（N）和磷（P）

【9】80 年代中，「中港」的環保交流愈來愈頻繁，何建宗常被安排接待內地官員：「HKU 仔（港大畢業生）最怕看中文文件，又不懂普通話，兼有傲氣，覺得『表叔』老土，每次都把接待工作推給我：『你培正加中大畢業，是你啦！』我為人和善，官員來港買東西見朋友，我送佛送到西。沒想到官員後來在內地環保部門一一晉升，成為識於微時的人脈。」
【10】渡海泳曾經是香港的年度盛事，可惜因為維港污染嚴重，於1978 年後停辦，直至港府推行「淨化海港計劃」改善水質，才於 2011 年復賽。

元素刺激藻類暴增，令吐露港儼然「大自然實驗室」。何建宗雖然當了官，但「學者魂」還是被喚醒。1988年，他自覺有點把握，便主動向助理署長爭取資源，建議多給他派一兩個人手、花一兩年時間，提出破解紅潮問題的建議方案。誰知熱臉貼上冷屁股……

「我一踏進辦公室，洋上司便老實不客氣地說：『K. C.（何建宗的英語縮寫），你知道自己在哪兒做事嗎？記住，你正在政府做事！政府只會做支撐政策的調查，做研究的話回大學做，sorry！』」何建宗感嘆：「我明白官僚心態，知道自己癡心妄想，但我確信自己的研究能有效解決問題，而且多年心得放棄了可惜。我激動了一晚之後，想通了——就在下班後到大學做研究！」

他通宵達旦在打字機上噼噼啪啪，寫信給香港大學，自薦做博士生研究紅潮。三個禮拜後，當年的理學院院長兼植物系主任——也是來自英國的紳士——韓國章教授（I. J. Hodgkiss）相約。「見面時，他詳細詢問我在環保署的職務，學術上建基於什麼理論和研究方法，準備如何設計實驗，怎樣分析數據，如何分配時間……聊了個多小時後，他叫秘書拿表格來，著我馬上填好。我打探他是否願意收我為徒，他說：『明天開始上學！』」

何建宗遂開始以兼讀形式做研究——日間身處擴充中的環保

署，在辦公室政治中暈頭轉向；傍晚趕返香港大學，常常深夜才離開；回到家裏若碰巧當護士的太太開夜班，他便擔起照顧年幼子女的重責，餵奶換片不假手於人。

「那時很能捱，有時寫論文兼『湊仔』，不知不覺待到晨早 7 時老婆回家，便換我提起公事包上班。有一次老婆問，為什麼好像沒見過你讀書？怎麼有時間照顧家庭？我說我會把要讀的那幾章影印出來，坐地鐵和吃午餐時讀，所以讀了你也不知道！」他在各個任務之間收集時間碎片，專心專注地用到極致，自覺效率比在圖書館磨蹭一整日的同學更佳。

韓國章教授既是何建宗的論文導師，也是他的人生導航者，「韓國章教授的思考邏輯有系統，觸覺又敏銳，所以辯才好、文章鏗鏘有力。他指導學生有耐性、要求高，爽快而有俠氣。從一開始，他就說明自己不熟悉紅潮，但可以從宏觀出發指導。」百忙中，老師每週抽時間見何建宗，師徒倆相約在晨早 7 時半的校園，見完面才各自上班。

到了呈交論文前的最後階段，韓國章教授逐字逐句的斟酌，「每次輕鬆地討論完科學觀點後，他會提出：『不如把這段調前、那段調後？這裏加 moreover 那兒加 however，如何？』我總是大吃一驚。他用不著大改，看似不費吹灰之力，便釋除我連月來的疑團，全篇通晒！果然是大師！」

多年後重逢，何建宗向已經退休的韓國章教授說：「當日你如此指導我，現在我也如此指導學生，而學生的反應竟跟我當年一模一樣！」老師一把摟住何建宗，嘴巴和雙手在興奮中顫抖，哈哈大笑道："This is education! This is EDUCATION!"（這就是教育！）

何建宗只花了三年時間完成論文，1991 年獲頒授香港大學哲學博士學位，並拿下「最佳博士論文獎」；教學相長，他和老師同被譽為本港「紅潮王」。然後，奇妙恩典發生。畢業禮上有人問他：「我們即將開辦全港第一個環境學系課程，有興趣來任教嗎？」對方正是香港公開進修學院（在 1997 年後升格為「香港公開大學」）的院長鄧立真教授（Gajaraj Dhanarajan）。

這是困難的決定。當年香港回歸在即，不少英國官員求去，環保署的「本地薑」（本地人）摩拳擦掌，自覺是時候接班「擔大旗」。何建宗是署內開山劈石之輩，十年間見證它從 30 多人擴充成為 1,700 多人的團隊，排資論輩，前行似有康莊大道。

「我像環保署的『百科全書』，很多人都來找我尋根問底。我深諳為官之道，也熟悉政府運作，上司曾經教我，應對文件千萬不要急，反正是『政府時間』，想幾個藉口，臨近死線才交，否則即使自己不嫌辛苦，別人也會怪你令他工作量增多。

「但靜下來時我卻想，自己才 30 多歲，離退休還有 20 多年光景，

難道以後都要這樣『廢』下去，浪費生命和辛苦贏來的學術地位？」

亦有人勸他留下，起碼晉升到助理署長才走，又告誡他不要「跳出油鑊，跌落火坑」。最終助他下定決心的是父親。某次家庭聚餐後，何爸爸把心事重重的兒子拉到一角，問明原委後，說了關鍵一句：「去吧，魚唔過塘唔肥！」

1992 年 4 月，何建宗結束公務員生涯，帶著博士學歷和環保署實戰超過十年的經驗，到公開進修學院擔任高級講師兼環境學課程主管。轉換軌道翌年，他到北京人民大會堂作主題演講，機緣巧合遇上著名探險家李樂詩博士，由她牽線展開人生特殊的一章——極地研究，至今到訪北極 16 次、南極 4 次，也把紅潮、微藻和生態學研究，從南中國海延伸到地球的兩端。

回首那 20 多年，盡是豐碩成果。他肩負的公職橫跨地域和界別，包括政府諮詢組織成員、高等學府的校董、國際學術會議籌委會主席、環保團體會長等。他見證公開進修學院升格大學，在 2002 年榮升教授，並在 2006 年起擔任公大的科技學院院長。2018 年，何建宗正式從公開大學榮休，成為上海海洋大學的特聘教授和香港大學的榮譽教授，也在英國劍橋大學擔任訪問學人。卓越的環境教育和研究，為他在國內外贏得殊多榮譽。【11】

【11】何建宗在校內三奪「校長卓越成就獎」；而在內地，他於 2009 年獲頒「中國環境人物成就獎」、2010 年獲頒「科學中國人年度人物獎」、2012 年獲「美麗中國一時代領袖獎」等；在國際層面上，則獲得日內瓦創意及發明展覽「銀獎」、「名人錄」的金鎖匙（研究成就）獎和 21世紀傑出領袖 。

大半輩子研究的紅潮，
為何建宗帶來「頓悟」。

這一切，都從離開公務員的安舒區開始。

對於投入研究大半輩子的紅潮，何建宗也有新體會，他叫這作
「頓悟」。

「有一陣子我參加很多國際會議，看到紅潮學者愈來愈多，研
究題目愈來愈精細。這本是好事，問題是研究資訊愈多，人們
對紅潮的產生機理和防治卻愈來愈莫衷一是，學術結論也愈見
迷惘、甚至失去方向。」何建宗說：「何解？大家為爭奪研究
基金，多作微言碎語（Microscopic）的研究，概括的反思回顧
（Macroscopic Review）卻甚少。

「我從《聖經》得到啟導。世界如此美好，上帝又愛世人，豈會故意創造『災害』來遺禍人間呢？終於有人提點：上帝從沒創造黑暗，祂只創造了光，光芒照耀不到的地方才會產生黑暗。啊，這多有哲學性呀！我遂翻看40多年來吐露港的紅潮資料，看到它如海波般高高低低，大概每四五年一個小高峯，八至十年一次大災害。紅潮因污染物累積至一定數量和比率而爆發，但每次平息後，海洋的水質都會『自動』潔淨，直至新污染物再次累積。這個發現，教導我以『平常心』去看待紅潮。」

大自然生命交替輪轉，面對每況愈下的水質，紅潮就是上帝所創造的「天然海水污染處理廠」，及時爆發增殖「吃掉」污染物。何建宗指出，人類把紅潮看成『有害藻華』（Harmful Algal Blooms, HABs），討厭又穢又臭，污染泳灘，破壞養魚區的經濟生產，甚至危害海洋生態。但是只要用智慧和策略去治理，紅潮其實可以預防。

他進一步思考「有利藻華」（Beneficial Algal Bloom）的潛質。「既然紅潮生物可以『吃掉』乾淨污染物，我們能否開發以藻類為核心機制的污水處理廠？至於處理完污水的生物，回收後更可煉作生產柴油，又或者變成飼料和有經濟價值的生物物質，這樣不單能保護水資源，還可以節能固碳兼節省土地。多贏共利，何樂而不為？

在北極研究的父子檔

「我也想到從前在培正上的中文課──道家講究天地和諧，順勢
而行是深奧的哲學道理。假如你看到紅潮，終日想著如何殺它
滅它，只會徒花精力；反而要學習固本培元，用平常心看生生
不息這生態大道理。」

何建宗帶著這些思考，把退休金都用來建設「紫荊站」；這個
香港在北極設立的首個科研考察基地，在 2018 年啟用。同年，
他帶領母校 22 位師生和舊生，到極地考察。

「成立極地研究中心的主要目的是傳承和可持續發展。我做了
40 年環保，包括 25 年極地研究，全是恩典。這些成就不只屬
於個人，還屬於整個社會，不該因為我的退休而荒廢工作，要

喚起更多香港人的關心。」與他在極地研究上風雨同路的，除了滿門桃李，還有兒子何韶博，也是培正出品。

「這也是培正給我的價值觀，對社會有承擔和抱負，為世界作貢獻，直到最後一分鐘。」何建宗今日兼任培正校董，以另一重身份貢獻母校：「至善至正，紅藍精神；我會堅持使命，榮神益人。」

我的志願是作家
——羅乃萱

我校「至善至正」之校訓，基督「非以役人，及役於人」之精神，均宜服膺弗失，終身奉行。若論立身處世之方，尤盼於敦品、慎行、敬業、樂群各種美德常加培養。如此，當不患無以立足於世，而紅藍培正精神，亦將益見發揮光大。

林英豪校長，1975 年《昕社同學錄》。

1963 年，羅乃萱在一年級下學期插班入讀培正小學。她覺得原本一起唸書的女校同學「常常嬲來嬲去很麻煩」，主動要求轉校，不久後更確認自己選擇正確，「我問鄰座同學，他耳垂上的小肉芽是什麼？他說打日本仔時被炸留下傷痂。因為他，我喜歡這間學校——有抗日英雄的學校，真是好學校！」

她豎起拇指笑了，笑容還留著那些年的稚氣痕跡，「他那樣說，我便信了，還很景仰！」說完，培正中學校史室一片歡樂。羅乃萱果然是說故事的人。

羅乃萱的作家故事從「我的志願」說起。小學三年級，年紀小小的她在原稿紙許下志願，將來要成為「爬格子的動物」，甚

131

得老師賞識。心儀爬格子，皆因她的世界從不缺書，「媽媽不買玩具，無論是考試成績好抑或跑步第一，都帶我去書局。」她看了很多寫給孩子的書，譬如《安徒生童話》；也看了很多原本不是寫給孩子的書，譬如近代作家郭沫若的作品，那是媽媽放在小閣樓的封塵老書。羅乃萱愛躲在閣樓看書，那裏有通往古今中外的隨意門。

中學一年級，她遇上羅曉梅老師。羅曉梅那時從中文大學中國語文系畢業兩年，任教培正是她職業生涯的唯一一份工作。她風趣幽默，對文字要求嚴謹，引領學生走進當代作家如老舍、巴金和徐速的世界，「最重要是她喜歡中文，那種喜歡有感染力，常常不期然提醒我們要讀中國的作家、以中國人為榮。我啃那些書，幻想自己生於五四運動的年代。」

羅曉梅知道學生愛寫作，特別鼓勵她每週額外多交一篇作文，如此一篇復一篇，學期末她對學生說：「羅乃萱，你將來可以寫書做作家。」這話猶如一個認證，留在學生心中很久很久，「那是很深的肯定，後來我都靠這句話來鼓勵自己，一輩子都記得。」

孤舟帆影惹愁情，夕陽斜照倍凄清，心中愁苦向誰訴，唯望雲開見月明。

羅乃萱

這是羅乃萱中一時寫、引以為傲的詩。羅曉梅老師讀了,把她看成待雕璞玉;媽媽讀了,說她傷春悲秋。媽媽從沒把羅乃萱的作家志願看成一回事,甚至壓根兒不同意。「她給我起外號叫『惆悵小姐』,說我寫的東西太多愁善感,一點也不正面,如果還跑去做作者,怕我會自殺。」這說法乍聽極端,但羅家其時已有一位會自殘的親人,那是羅乃萱害抑鬱症的爸爸。

在閱讀世界裏,對羅乃萱感召最深的角色,從不是侍兒扶起嬌無力那些,而是巾幗不讓鬚眉、像花木蘭和秋瑾那樣的揚眉女子。學界有句順口溜「真光豬,嶺南牛,培正馬騮頭……」,羅乃萱自認「馬騮頭」,在校跟男同學兵捉賊、放學跟街童捉迷藏,明明是黃毛丫頭卻被小屁孩奉為「大家姐」。最「輝煌」一役是跟同村的意大利男孩大打出手,「教訓」對方欺負弟弟,結果被人家的媽媽投訴,被自己的媽媽罵得狗血淋頭,她卻自覺像戲裏的李小龍那樣豪情爽氣,「這一直是我的一部分」。

好一個女孩,被體育老師發掘去參加田徑比賽——老師的眼光果然準繩。中三,羅乃萱拿下校內丁組冠軍,首次嘗到運動場上的光榮,然後摩拳擦掌準備殺上丙組,自行設定目標:突破60米短跑的學校紀錄。

那年頭培正沒有外聘田徑教練,奪標必須依靠自律和堅持。羅乃萱天天早上7時回校,在操場大樹下匯合一同操練的男同

羅乃萱（右一）代表昕社參與接力賽，田徑曾是她建立自我形象的重要領域。

學，「我覺得女孩子勁度不足，主動邀請『見義勇為』的男同學領跑，叫他盡情跑，我追！」她心心念念都是學校紀錄，曾經跑到嘔吐，抹乾又沒事兒似的繼續，「我人生的韌力都是在跑道上練回來的。」

她的努力沒白費，不單破了短跑紀錄，隨後幾年還愈戰愈勇。1973 年的「第 27 屆田徑運動會秩序冊」，記錄了歷屆運動會田徑賽的紀錄，羅乃萱的名字合共出現五次，風頭一時無兩——正好助她擺脫琴鍵。

羅乃萱曾在著作中寫道：「不知多少次了，爸爸帶著我跟弟弟去與朋友交際應酬，人家見到我總會擺出一個『彈琴手勢』，然後

問：『羅先生，這就是你那位很會彈琴的天才女兒嗎？』……對方還沒聽罷，已對我完全失去興趣，連我的名字也懶得問。」[1] 姊姊是公認的天才鋼琴家，於是妹妹羅乃萱的名字變成「羅乃新[2]的妹妹」。

因為羅乃新，很多人覺得羅乃萱也該沾點音樂天份，包括媽媽、親友、小學老師、鋼琴老師……甚至記者。她記得頭一趟參加校際音樂節，正在雙腳打顫之際，竟被記者逮個正著：「聽說你是羅乃新的妹妹，比賽打算拿第幾名？」

「我本來喜歡音樂，但不是那種喜歡。」漸漸地，音樂變得討厭起來。在田徑場上，她咬緊牙根揮掉好多汗水，終於在中四鼓起勇氣跟媽媽來一次「大攤牌」（徹底告白），「我不彈琴，專心田徑和游水好嗎？」曾經是培正音樂老師的媽媽同意了，自此羅乃萱暫別琴鍵，跑到姊姊的光芒以外證明自己的存在。

可惜有些東西，「攤牌」亦未必能爭取成功。

羅乃萱，渾名「傻大姐」。明眸皓齒，清麗脫俗。為人坦白率直，活潑可愛，待人接物和藹可親，樂於助人，深受同學嘉許。

【1】羅乃萱，《好一個我：接納負傷安好的自己，歲月教曉我的 20 堂課》，香港：印象文字，2018 年，頁 33。
【2】羅乃新，著名鋼琴演奏家，少年時已經贏下不少學界音樂獎，她畢業於茱莉亞音樂學院碩士學位，後來任教於香港演藝學院及香港中文大學，同時為香港電台第四台音樂節目主持。

羅乃萱（右）年輕時與爸爸的關係曾一度緊張，有幸在宗教信仰帶領下，他們重新走近。

愛好運動，以短跑、游泳為甚。好音樂，富藝術氣質；愛文學，具豐富感情。成績優良，胸懷大志，故遠涉重洋，以實現其理想云。

1975 年《昕社同學錄》

《同學錄》把羅乃萱描繪得活靈活現，只有一項不準確——她遠涉重洋，並非為了實現自己的理想。「我最想修讀中國文學或者傳播理論，但媽媽不許，她想我讀醫。」羅乃萱說：「那是她自己的夢。」

羅乃萱回憶中的媽媽總是面帶慈容，常鼓勵女兒不求滿分、盡力就好，又會拍拍肩膀勸夜讀的她早點休息。可是來到選科這

關節點，她跟很多同代父母都抱牢同樣的想法：選文科沒出息、辛苦賺錢為出國留學。

羅乃萱唸完中五，便到美國升讀 12 年級，原本成績優異，沒想到因為疏忽漏寄托福成績，失卻入大學的機會。那年暑假，她在落寞中回家，但更壞的消息在後頭——情如兄妹的培正同學在美國西岸意外溺斃。她先是震撼，繼而陷入巨大的哀傷中；與此同時，轉職股票市場的爸爸媽媽碰上股災，【3】吵得比過去任何時候都激烈。狂怒中，羅乃萱把運動場上贏得的獎盃獎牌丟得一個不留，把自豪一頁掃進垃圾桶，又在日記狂書對爸爸的憎厭，甚至恨恨地希望他死掉。爸爸偷看了日記，父女關係來到決裂邊緣。

家中燠熱難當，彷彿人人從皮膚上滲出來的都不是汗，而是火水。在慘綠的 18 歲，她想過自殺。猶幸來自加拿大滿地可麥基爾大學（McGill University）的一封信，把她暫時帶離這一切。

到麥基爾大學報讀醫科，必須通過生物科考試，羅乃萱依然記得試卷上的這道題目：請講述老鼠的生殖方式。「我一看到reproduction（生殖）便照背如儀：首先生蛋，幾多天會孵化，然後幼鼠誕生……完全轉不了腦筋，想不起沒『老鼠蛋』這回事。」她熬了很多個晚上，灌進很多杯咖啡，背誦大堆外星話

【3】70 年代初本港股市瘋狂地熾熱，從大商賈到基層工友都加入投機，沒想到轉頭迎來 1973 年的超級股災。這是香港股票普及化後的第一次重創，恒生指數大跌超過 90%，大量股民傾家盪產，跌勢持續到 1975 年才恢復牛市。

般的內容，成績依然沒轍——不喜歡就是不喜歡。她約媽媽在大學附近再來一次「攤牌」，「我說我的中文不錯，可以去台灣讀中國文學，但她覺得寫作不能混飯吃，即使讀不了醫，也要讀理科。」

最後，羅乃萱報讀數學，「既然一定要選理科，我就選最討厭的數學。我對自己說，如果連最討厭的都能讀，便是人生的一課……邏輯？這就是那時的邏輯了。」

後來她回港探訪母校，遇上中三時教數學的張華羅老師。培正以數學聞名，而這位來自北京的女士在這裏教數學，殊不容易。羅乃萱猶記得她雙目炯炯有神，髮型清湯掛麵，總是一身旗袍，最重要是，她把幾何講得透徹易懂，嚴肅中帶風趣：「人生在世有幾何，學懂幾何又幾何……」

張華羅聽說學生在大學讀數學，手上的咖啡杯差點掉下來——她從不覺得羅乃萱是讀數學的人。

「我一直銘記於心，告訴自己，大學畢業後一定要把數學置諸腦後，追尋我的寫作夢。」

羅乃萱在麥基爾大學數學系度過四年光景，來到最後的微積分考試，試卷上有這道題目：四度空間有 XYZ 三條軸，四隻蒼

蠅在裏頭捉迷藏，請問要花幾多時間才能把牠們全部抓起來？「我不懂，乾脆寫下四個英文字：none of my business。這些蒼蠅跟我的人生完全無關，太遙遠，很荒謬！」

所謂有關係抑或沒關係，起點從來是自己的心房。但即使如此，數學還是送了重要的東西給她，「我學習歸納、重視證據、平衡多角度思考……這些最後都沒有浪費，可能上帝知道我是個感性的人，需要平衡一下。」

回頭看，到加拿大讀書，還為她的人生帶來了兩件很重要的事情——信仰和丈夫。

就讀培正時，羅乃萱早把聖經背得琅琅上口，可是論真正信服，卻在那個跌倒在人生低谷的暑假之後。她到加拿大後，遇上在彼邦信了主的培正同學，抵不住盛意拳拳跟著出席禱告會。結束時，女執事走過來，問她要不要信耶穌。「她問你可覺得自己有罪？我說有，我該愛爸爸，卻憎恨他。她又問，那麼你可知道天上的爸爸一直在找你嗎？」

「天上的爸爸一直在找你」這話，把她大大的撼動了，流下釋懷的淚。回到宿舍，她立即提筆向地上的爸爸認錯，這封艱難的信一寫三個月，卻得到超乎想像的迴響：爸爸回信說，他也開始上教會，一家人一起經歷上帝。

與丈夫何志滌牧師穿上培
正校服合照。二人相遇在
加拿大，但紅線早在中
學時代繫上。

至於丈夫何志滌則是羅乃萱在麥基爾大學的師兄；但他不只是
麥基爾師兄，更是 1972 年畢業於培正的賢社師兄。剛落腳滿地
可，她便在當地的培正同學會聚會認識了何志滌，沒想到第二
個禮拜參加團契，又再度遇上。「從前同學愛說，日後無論怎
樣都不嫁培正人，原來是假的。」她笑說：「遇上就是親切。」

而信仰和丈夫這兩件重要的事，竟然聯手為她達成小時候的作
家志願。

自羅曉梅老師後，有好長一段日子，羅乃萱再沒遇過相信自己

寫作能力的人。她痛苦地熬著不喜歡的數學，甚至帶淚禱告，祈求有天走上愈來愈渺茫的寫作路。

1981 年，羅乃萱和丈夫完成神學院的學習後，一起到台灣做宣教士，在宣教工場的講座上遇上當地基督徒大學雜誌《校園雜誌》的主編劉良淑，「講座結束，丈夫推我出去，叫我告訴她自己想做作家。我說我不是讀中文的，怎麼成？他說去吧，這可能是你人生的唯一機會！」

「劉姐好，我叫羅乃萱，想寫文章。」她厚著臉皮自我介紹。劉良淑聽說她在大學修的是數學，果然皺起眉頭，但總算把這個香港女孩記在心上。1983 年，《校園雜誌》籌備香港面對 1997 年主權回歸的專題報道，去信邀羅乃萱幫忙搜集資料。她如獲至寶，遞上反反覆覆修訂再修訂的 2,000 餘字，獲劉良淑收為徒弟。那以後，她踏上一趟令人謙卑的旅程，從每篇被修訂得慘不忍睹的文章裏，重新學習簡潔的中文。

丈夫那一推，把羅乃萱的人生撥回朝思暮想的軌道上。數年後重返香港，她加入突破機構，更為雜誌開始寫「人間掠影」專欄，用文字描繪每一個淪落人身上的亮光——縱微弱，也能教人愛上。在人生往後的高山低谷之間，她痛失摯親、學習成為不攔阻女兒追夢的媽媽、在一個職位得到零點五分的苛刻考評、獲委任《突破》雜誌總編輯、經歷停刊、創立家庭發展基

50年前羅曉梅老師（右）的一句話，埋下作家的小種子。（相片由《明周》提供）

金轉戰親子教育、從前聆聽青少年哭訴父母、現在擁抱哭訴不懂得為父為母的爸爸媽媽……寫了 60 多本書。

對，合共 60 多本。

因為培正的訪問，羅乃萱跟失聯多年的羅曉梅老師重新聯繫上，探訪那天帶齊著作上門——足有一疊。老師開門就說：「羅乃萱，聽說你到處講我，講得我『眼眉跳』了！」這些年，羅乃萱把「你將來可以寫書做作家」這故事說了給那麼多人聽，頭一次回頭告訴老師，想不到老師哈哈笑了起來：「我隨便說說你當真？」（後來羅老師更正，她其實是獨具慧眼，賞識這位愛寫作的同學。）今時今日，羅乃萱每有新作，都不忘向羅老師贈

書，「她說她會繼續改正我的錯字，我說你永遠是我老師。」

無論有心抑或無意，真不能小覷一句話的力量——它能撒下夢想的種子、帶來前進的力量、影響孩子一生。

十多年前，羅乃萱也回到培正幫忙教母校的孩子寫作。母校讓她重覓自我價值和信仰，栽培她寫作，是她常感恩的地方。

「我喜歡教小朋友，很想傳遞寫作熱情，令他們雙眼發光。其實人人都有故事，人人都可以寫，只要信任他們，讓他們看到自己身上的光芒。

「每年我都開『空頭支票』，跟孩子說，假如你們日後寫書，而羅老師依然『生勾勾』（活生生），我替你們寫序。我很想鼓勵愛寫作的年輕人，畢竟這行業很不容易，卻又影響深遠。近日我還發現有家長讀著我的書養大孩子，原來寫親子教養十多年，撒下的種子慢慢有收成了。」

只要有醫可讀
——陳志峰

「只要用心教，那些看來沒得救的學生，可能有救。」這是陳志峰的少年體驗。

陳志峰，為人風趣，平易近人，常露齒而笑，表示友善。處事方面，必定盡力而為，以期獲得最好的收穫，運動場上，為校爭光，學業上，努力不懈，在社中，則是活躍分子，勇於服務，志願將來成為醫生，為國為民，無論中醫、西醫、牙醫、獸醫，只要有醫科可讀，必盡其所能，想數年後，捷社又多一大國手了。

1976 年《捷社同學錄》

40 多年前，同學古健成為陳志峰批下的評語，除獸醫外一一兌現：他把中醫、西醫、牙醫都讀遍了，目前是香港大學醫學院兒童及青少年科學系系主任。「只要有醫可讀，必盡其所能」，何其準繩。

不過所有「大國手」，都曾經是「小學雞」。

陳志峰從幼稚園開始加入培正校園，還是小毛頭時，額上已經鑿下「頑皮」兩個字。課室不准踢球，他趁放學偷偷踢，有時踢墨盒，看著小黑盒伴隨墨汁到處飛揚，據說是很好玩的事兒；待升上小學六年級，學業成績已經來到留級邊緣了。

讀書時我們都遇過愛打小報告的小學雞（又或者正正是自己），陳志峰的班上也有，只是當時他渾然不知對方竟會啟動自己的人生轉捩點。某次在堂上聊天，他又被同學盯上告狀，憤怒得連血液都要燒起來，便氣沖沖竄進廁所——抄寫。

「那時有『廁所文學』，我不知道那些字是什麼意思，只知道不是好話。」抄好了，他豪氣陡生，跑回課室把那個力透紙背的字向告狀同學展示，然後順手捏成一團丟棄。「那紙團來到國文老師手上時，我其實知錯了，可是偏忍不住笑，覺得很滑稽。還記得老師說：『這麼小就寫這個字，沒得救！』」

事情交由班主任陳植華發落，他一下便問到關鍵：「陳志峰，你懂得這個字嗎？」陳小朋友只知部首從「門」，既讀不來、也解不通。老師又問：「那抄來幹嘛？」他訕訕地直說：「我覺得……在廁所的字……應該是用來罵人的。」坦蕩如此，連老師也笑了，不記過，但罰抄「我以後不說粗言穢語」。

用毛筆。原稿紙。3,000 次。

其後一週，陳小朋友天天趕在爸媽下班回家前埋頭苦幹，終於及時完成。可是尚餘一道難題：家長簽名。他無論如何不敢驚動嚴厲的爸爸，想呀想，忽然想起家裏有圖章，於是趕緊掏出來，在那疊寫得密麻麻的心血結晶上逐頁蓋印。大功告成，卻

陳志峰從幼稚園已經加入培正，這是高班的生日會。

發現——糟糕！圖章刻鑿的明明是姨媽男孩子氣的名字，哪裏是爸爸啊？!

他硬著頭皮呈給老師，老師果然問起名字何來。狗急跳牆，他唯有胡扯：「那是我大佬來的……我爸行船……」看到小子其窘無比，老師一頓，說：「算了，你走吧。」

陳志峰詼諧聲演這段人生小插曲，滿有喜劇節奏，講和聽的都興致勃勃；可是故事來到這裏，他驀地語重心長：「不拆穿，是免得我被趕出校。我感受到老師的愛心，還有一種想法：搞蛋夠了，既然這次過了骨（過關），以後就努力吧。」後來他跟為人師表的親姐分享：「只要用心教，那些看來沒得救的學生，

147

可能有救。」

升中後陳志峰彷彿變成另一個人，非常發奮，奈何基礎不穩，
進步來得不易。第一年離合格差一分，眼看要留級，沒想到那
一分竟在成績表上被神奇地加回來——大概是陳耀旭老師看到
他的用功。陳志峰是田徑隊成員，可是他知道自己在課堂上要
追趕的更多，每次出賽甫完成自己的項目，他都趕回學校上課。
跑道和課室，練就他引以自豪的特質：紀律和執行力。

他擅跑中距離，曾是香港學界男子乙組 800 米記錄保持者，彪
炳戰績掙得一次轉校機會。

中文教育邊緣化是香港的一種現實，作為中文中學的學生，陳
志峰有深刻體會。70 年代，校友崔琦和丘成桐【1】尚未揚名，
陳家親友聚會時，人們聊起讀英文中學聖約瑟書院的哥哥和讀
培正的弟弟，總是惋惜地問「點解？」某回爸爸乾脆這樣答：「志
峰？年年升班就算啦！」

考慮轉校，除了推崇英文的大環境，還有實際的升學打算，「那
時中文大學只得全文和全理學系，尚未開辦醫科，【2】要是日後
不能報讀香港大學，前途怎算好？」中二那年，他報讀聖約瑟，
挾著運動精英聲勢通過筆試，加上哥哥早就向老師宣傳弟弟跑
得快，一切看來勝算在握。

陳志峰代表培正田徑隊參加校際比賽，他曾是男乙 800 米的紀錄保持者。

「但到了決定一刻，我認真問自己，真的要離開培正嗎？我捨不得，最後沒去面試。」陳志峰說：「後來我常說，最厲害的學校不是收生叻的那些，而是收什麼學生都能教好的那些。」

然而，校門之內也並非無標籤，今日他這樣思考：「按成績分班好不好？【3】有學習目標（升上精英班）當然好，但難免令一些同學自覺『籮底橙』，失去自信。像我，就曾被老師當眾批評：『你們這班只懂運動不會讀書』，聽了難受。」

猶幸他遇上很多用心的老師，譬如教化學的張啟滇和曹安娜，

【1】兩位培正校友，丘成桐在 1982 年獲號稱數學界諾貝爾獎的「菲爾茲獎」（Fields Medal），崔琦在 1998 年獲諾貝爾物理學獎。
【2】香港中文大學在 1981 年成立醫學院，招攬首批醫科生。
【3】70 年代培正中學行精英班制度，2006 年作出修改，把能力不同的初中生平均分派到各班。

中六愛班的班主任是張
啟滇老師，後來這班上
有六人成為醫生，兩人
成為牙醫。

以及生物老師古容軒【4】等。他刻苦學習，對科學萌生興趣，
對人體運作尤為著迷，學醫志向愈來愈堅定，漸漸從弱班爬升
到強班。而當同學們一一啃著課本，全心全意應付會考的同時，
他則透過大量閱讀吸收課外知識，如佛洛伊德、潛意識和催眠
等；中四那年，還在備考和跑步操練之間，擠出時間修讀中醫。

陳家首先學中醫的，是陳志峰當教車師傅的爸爸。70 年代教車
行業面臨兩大考驗：1973 年股災，以及廉政公署整肅運輸署考
牌官，都令學車人數大減，師傅們堪羅雀。此路不通，有底子
的陳爸爸打算重投醫道，修習中醫全科，沒想到燃起兒子對針
灸的興趣，父子倆成為同門師兄弟。那時地鐵未通車，整整一
年，陳志峰每週兩次，放學從九龍何文田出發，坐巴士、轉小

輪、駁電車，好不容易到達港島區的中醫學校上課。路上三回九轉，但有志者不怕累。

「只要有醫科可讀，他必盡其所能。」《同學錄》如是說。

後來陳志峰更跑到菲律賓，用生命中的十年印證這預言。

1976年，加拿大有中學來港收生，陳志峰和十多個同學一起面試，獨他獲取錄。「同班女朋友早我一步到加拿大，叫我跟著去，但我爸說：你去的話，哥哥便沒書讀了……」有些傷口，40年後提起依然痛，他哽咽了，一會才平伏：「那時剛巧有師兄（基社冼棟榮醫生）從菲律賓回港，告訴我那邊學費較便宜，而且香港未有牙醫學院，讀完可以回來執業。我向女朋友的父親交代，他問：『菲律賓多見樹木少見人，你去幹啥？』我不敢說，因為家裏沒錢。」

今日，香港人對這個熱帶島國最直接的聯想，是菲傭，可是在六七十年代港大牙醫學院成立以前，[5]它為香港培育出不少牙科專才。除了學費，作為亞洲少數說英語的國家，以及行美國模式的大學，都是吸引因素。菲律賓開學早，陳志峰未及參與

【4】古容軒老師是1942年斌社校友，畢業於廣州中山大學畜牧獸醫系。1974年級基社學生鍾麗芬如此記錄：「老師一生，26歲為人師，獻身教育34個寒暑，學而不倦，誨人不厭，嚴而有度，以教為榮……我印象中的老師，臉上總帶幾分鎖眉的憂鬱。為人沉默寡言，豁達寬宏，可敬可親。課堂上，為增添學習興趣，時而化身冷面笑匠，令人捧腹。很多學生因喜愛老師輕鬆的教學方式而對生物科產生濃厚興趣，會考取得優異成績。」（《培正通訊》，2011年173期，頁41。）
【5】香港大學牙醫學院成立於1982年。

培正畢業禮便離開，帶著悵惘走進馬尼拉燠熱的 4 月。那是他生平第一次遠行，披上爸爸執意預備的白色西裝，異常正式站在穿戴清涼的人群中，猶如走錯時空。猶幸培正校友來接，他是豬農，很是親切，助素未謀面的小師弟安頓心情和肚子──第一頓飯便是當地人至愛的炸雞。

就這樣，陳志峰成為菲律賓東方大學（University of the East）的學生。

「有些（大學）同學被提起出身會難為情，現在我獲邀講課，人家介紹時也常常刻意漏掉這一塊。畢竟菲律賓被標籤為落後地區，我的學校也不是牛津或哈佛。但那是我選擇的路，我人生的一部分，我從不介意。」

除了因為同學的陰招，險些拿不到免修學分，以及後來拿著牙科預科的亮麗成績，卻莫名其妙地成為最後一個被選進牙科學院的「籮底橙」外，陳志峰在菲律賓的求學經歷不算壞。那邊的牙醫課程要讀六年，他花五年便畢業，同時拿下年度最傑出牙科醫學生獎項（FICP, Federation of International College of Dentistry Most Outstanding Dental Student of the Year）。

只有一個問題：他發覺自己始終喜歡思考奇難雜症，不願意局限在牙齒和口腔軟組織之間。於是他徵得家裏同意，重新調整

讀完牙科，陳志峰緊接
著回頭修讀醫科。

軌道，返回菲律賓東方大學。這回修讀醫科。

讀牙醫的同學都畢業打工去了，獨他捉襟見肘，日子過得刻苦。
他記得某次回港，到圖書館補領圖書證，因為 20 元手續費
決定放棄。「打開錢包發現只剩 50 元……我想多儲錢，不想爸爸
辛苦。」

每逢暑假他都回港執業，到學長的診所當「夜更牙醫」，累死
累活開診到清晨三點。一次陳爸爸來接，被商場看更捉住投訴：
「罵罵兒子吧！以為這是醫院嗎？病人也是的，怎會看完《歡
樂今宵》【6】才看牙醫？」原來陳志峰吸引了一群有趣的街坊，

【6】《歡樂今宵》是無綫電視的長壽綜藝節目，從 1967 年啟播到
1994 年結束之間，合共播出 6,613 次。80 年代的播映時間，是晚上 9 時
30 分至 11 時。

夜半無事就坐在診所外聊天，邊剔牙邊候診。後來，找他夜診的人甚至比日間多，連學長也禁不住好奇探問。陳志峰笑說：「有黐線牙醫，自然有黐線病人！」然後認真補充：「其實不過是硬工夫：對病人好，做事有交帶（責任感），病人會知道。」

今日社會罪惡充盈，處世務宜謹慎。尤盼毋忘平日師長之教誨及「至善至正」之校訓，用為涉世南針，並以基督精神「非以役人，乃役於人」，造福社會，庶幾無負母校鼓鑄群才之素志也。

林英豪，〈送別捷社同學序〉，1976 年《捷社同學錄》。

陳志峰終於學成離開菲律賓，已是踏足島國十年之後。回港後，他到公立醫院實習，可是三次都被派往廣華醫院。對於初出茅廬的醫生，實習醫院也是潛在僱主，如果一直在同一間醫院實習，即是來來去去只有一個受聘機會，很不划算。當時基社學長任龍孫在基督教聯合醫院工作，他教陳志峰寫信向醫務委員會陳情，表達自己想到不同醫院學習的願望。

沒想到那封信把他直接送到瑪麗醫院。

「簡直晴天霹靂。瑪麗是香港大學的教學醫院，即使非港大畢業生都不易獲聘，哪會聘用我等非英聯邦資歷的醫生？」他在 80 年代親歷公營醫療體系的歧視，簡單如實習醫生名牌，掛在

港大實習生袍子上的非常正式，但他只得到用膠帶打出來的字串——"CF Chan"——連"Doctor"稱謂也欠奉。

陳志峰早就打定輸數，認定此處不留人，所以當兒科主管楊執庸教授探問打算時，他壓根兒沒朝獲得聘用的方向去想，「我答得老實，說自己從前做牙醫，日後可能找些需要手藝的工種，不浪費就好。」雖然他明明喜歡這裏——才工作三個月，已經遇過很多令人眼界大開的病例；雖然身處歧視文化當中，卻遇上開明的上司和同事，英雄不問出處。

楊教授合共問了三回，才終於留下這個戇直的學生。他是陳志峰人生的第一個伯樂。

那以後，陳志峰還遇上很多伯樂。譬如接替楊教授職位的劉宇隆教授和全球白血病權威裴正康教授，後者是培正昇社（1969年）學長。90年代中，陳志峰到著名的美國聖裘德兒童研究醫院（St. Jude Children's Research Hospital）深造，接受裴正康教授指引，從此確立他研究兒童血液及腫瘤病的路向。

「但我要強調，裴教授沒因校友而特別優待，同樣對我嚴格要求。正因為前輩和同事都有這種公平的價值觀，我才有今日的發展，所以我也一直守持：不以成見看待一個人的出處。」

1999 年，陳志峰轉職香港大學，當醫學院兒童及青少年科學系副教授，十年後晉升為教授，並在 2012 年成為部門負責人。2018 年，他迎向新挑戰，成為新成立的香港兒童醫院兒科部門主管。最重要的是，行醫 30 年，他至今依然天天愛上班。

「請你告訴我，我應該走哪條路呢？」愛麗絲問。

「那就要看你想去哪兒。」笑臉貓說。

「去哪兒都無所謂。」愛麗絲回答。

「那麼，你選哪條路走也都無所謂了。」笑臉貓說。

《愛麗絲夢遊仙境》

每年陳志峰在港大醫學院接待選科生時，總愛跟同學聊起《愛麗絲夢遊仙境》(*Alice's Adventures in Wonderland*) 這段對話。「我問，你們真的喜歡讀醫嗎？他們答是。我又問，假如進不了港大醫學院怎辦？他們答，那便看看能進哪科。我說，這代表你們不是想讀醫，而是想入港大。如果真的喜歡醫科，就不會計較在哪裏讀。如果沒有喜歡的，便讀什麼都沒所謂了。」說罷，笑得意味深長。

「崔琦說過：別人付錢讓我做喜歡的東西，哪會辛苦？現在我可以醫人，做研究又過癮，兼且能領薪水，還要求什麼？換過來說，倘若你不喜歡自己的工作，那就糟糕了。要成功，首先要喜歡自己做的事。

陳志峰（前排左一）愛與
年輕人分享《愛麗絲夢遊
仙境》——弄清楚想去哪
兒，才知道該走什麼路。

「我喜歡兒科，因為可以旁觀小病人成長。我曾醫治的病人中，
有五、六個後來當上醫生，更多成為父母。今年我 60 歲生日，
從前患地中海貧血症的小病人突然約我吃飯，湊足一枱人賀
壽。過去我為他們打針，把針頭拮在小手上；今日看到他們都
長大了，那種感覺真箇『無得頂』，我感觸得說不出話來。

「從前楊教授選中我，說不定就是看穿了我，知道我會繼續留
守……」陳志峰笑說：「私人執業一定能賺更多錢，但是我更喜
歡現在的感受！」

要造全世界都懂得的好琴

——吳天延

童年夢想「做老闆」的吳天延，今日成為音樂集團的創辦人兼總裁。

今中學階段現已完成，分道揚鑣，各奔前程。升學者盼百尺
竿頭更進一步，能學以致用。就業者亦宜身修不輟，勤求進
步，爭取經驗，洞達世情，他日成功，前途正未可限量也。

林英豪校長，1985年《博社同學錄》。

吳天延從小立志「做老闆」——雖然對於要做什麼生意和做怎
樣的老闆，茫無頭緒。

吳天延生在福建，童年生活艱苦，記得稀粥裏的米粒寥寥可數，
也記得餓著肚子睡的煎熬。1975年，11歲的他隨家人移居香港，
因為營養不良，身高像六、七歲孩童，跟兄弟姊妹擠在小房間，
排排坐穿膠花賺取家用。別的孩子放暑假樂得像「甩繩馬騮」，
他困在工廠與婆婆輩的女工們一起默默地剪線頭。他早就認
定，要在這個陌生的地方活下來，必須奮鬥。

1979年，吳天延透過中央派位制度，以第一志願獲派香港培正
中學。因為入學遲，他比同班同學年長兩三歲，可是坐在課室

裏卻自覺什麼都不懂：既看不明白繁體字，也聽不進英語。初中時數學還有點優勢，可是課程很快便由淺進深，追不上去了。他邊上學邊打工，本來就透支了體力，遇到沒興趣的課更會「自動關機」，與友伴聯袂坐在課室後排打瞌睡——當中一個伴兒叫胡渭康，80年代歌唱組合小虎隊的成員，「他（課餘）唱歌，我（課餘）打工，天天上課都好累。」

80年代是培正中學的低谷，這說法其來有自。1978年，在吳天延入學前一年，教育司署推出新的中學學位分配辦法，取代原本的升中試。同年培正中學正式轉為政府津貼學校，這個轉變在新舊教師之間種下芥蒂——資深老師多來自內地和台灣，學歷不被英殖政府承認，校方接受資助後，他們的薪酬停滯不前，甚至比畢業於本地大學的年輕同事低，團隊士氣受挫。

由梁操雅、羅天佑兩位學者主編的《教育與承傳——歷史文化的視角》這樣述說那筆歷史：「上世紀80年代中後期，港英政府減少向私立中學買位，改為興建更多津貼中學，或讓私立中學轉為津貼中學，大部分獨立學校也因而遭到重創……最後獨立學校教師的薪酬遠較官立和津貼學校為低，尤其值得注意。他們的薪酬待遇大多僅及津貼學校的三分之一至三分之二，又沒有公積金，獨立學校其實是以低廉成本來補充港英政府之不足，獨立學校的老師則是為香港培育人才、推動社會發展的廉價勞工。」[1]

老師或有老師的心事，但在吳天延心中，他們都是好老師，甚至太好了，「如果他們凶一點，或者我讀書會更努力一點。」他自言天賦不差，只是無心課本，但在培正的日子卻另有得著，「學校很大，單是中一便有十班，老師多，可以學習觀人。」譬如綽號「蛇王」的老師數理高強，但教法獨特，解題時往往從一個步驟跳到答案，精通數學的同學很受啟發，不通的卻一頭霧水；又譬如台灣來的國文老師，朗讀文章時熱情洋溢，自己先感動起來，在講台上掉眼淚。

「我年紀較大思想老成，同學未想到的，自己已有感受。在社會工作後遇上很多人，性格五花八門，我把認識的校內人物代進去，常常找到相通部分⋯⋯」吳天延說：「另外，喜歡音樂，對我感受別人也有幫助。」

吳天延的生活一直沒缺過音樂。他從小學習吹笛，升中後加入培正銀樂隊，那時候的銀樂隊雖然比 70 年代的高峰稍為遜色，但依然是難得的樂團經驗。他還隨校外老師學習雙排鍵電子琴和作曲，又因為意識到鋼琴是「樂器之王」，決定從頭學起。而在音樂花的錢，他通通從音樂裏賺回來。唸中二時，他已經是社區琴行的琴老師，後來考獲 Yamaha「衛星學校老師」證書得以提高酬勞；到了中四、五，他學會調音和上漆，在履歷表添上鋼琴維修這一項。

【1】梁操雅、羅天佑編，《教育與承傳──歷史文化的視角》，香港：香港教育圖書公司，2011 年，頁 175。

他鑽研得最深的是雙排鍵電子琴，它比單排鍵多一排腳鍵盤，能奏出近千種音色來模仿各種樂器，有說像是電子管風琴，也有說是「一個人的樂隊」，在在挑戰演奏者的音樂闊度——因為要發揮得好，他必須對不同樂器的特性有廣泛認知。當年選上雙排鍵看似無心插柳，卻推動吳天延在音樂路上走得更開闊、學習更多，為日後銷售各種樂器的工作埋下伏筆。

1985 年從培正畢業後，吳天延報讀私立學校的商科課程，開始學做生意，而且對當中計算人口和商品需求這一環，特別有興趣。那年 4 月，他隨家人入住「居者有其屋」【2】計劃下的九龍灣麗晶花園，隨即評估社區商機：在香港，30,000 人的社區足以支撐一間琴行經營，麗晶花園約有 20,000 人，吳天延知道附近三層高的小商場尚未有琴行進駐。於是他向同是教琴老師的姊姊吳雅玲和一位朋友，提出各拿 15,000 元湊錢開一間，三人坐言起行。

第一間柏斯琴行只有 300 呎大，分割成七個琴室，單是裝修已經差不多花光所有資本，不夠錢買鋼琴。猶幸吳天延姊弟倆早在業內累積了不少人脈，成功向批發商賒貸六台鋼琴，並且得到貨運公司答應延後收取運輸費，讓琴行站穩陣腳。「靠信字起家」，原來曾經不是神話。

「我一生遇過很多貴人，常常有這樣的事：心裏想著，那人便出

現、事情就發生。我們福建人叫『三分天注定，七分靠打拼』。」吳天延遂正式躋身老闆行列，體現了福建人愛拼要贏的個性。創業初期，他把賺得的錢全部投入公司發展，生活費則靠自己在外教琴來維持，天天工作十二三個小時，一年休息三、四天；後來出差，為了多跑一個城市，他的兩餐之間往往相隔整個大白天，拼搏又拼命。

柏斯琴行趕上 80 年代香港經濟起飛的順風車，發展速度驚人，剛開始時連一台屬於自己的鋼琴也沒有，翌年卻跑到大埔中心開設分店，打後每年添一間。至 1993 年，在香港累積開設了七間分行。那時吳天延衍生一個念頭：香港的樂器市場已經不足以容納柏斯發展。

九七回歸前，香港再現移民潮；同一時間，吳天延卻決定逆流北上，向中國內地市場發展。當中的最大突破來自 1994 年取得 Yamaha 中國代理權，之後十年，柏斯琴行一直是這個全球最大樂器生產商在中國的面孔。

來自日本的 Yamaha，創辦史帶有一抹傳奇色彩：1887 年，颱風吹壞了濱松一間小學的美國製風琴，原本是醫療器械技工的山葉寅楠受委託維修，拆開風琴檢查內部結構後，竟然啟發了連串自製樂器的實驗，先是複製風琴，然後學做鋼琴，接著是結他、小提琴，後來還生產電子琴……待回首，已是一整個樂器王國。

【2】為回應嚴峻的住屋問題，港府在 1969 年推行「十年建屋計劃」，增加公共房屋供應，並在 1978 年首次發售居屋，為收入不足以購買私人樓宇的市民提供自置居所選擇。

跟樂器王國的合作，助柏斯攀上陡峭的學習曲線，「他們有很多部門，鋼琴、電子琴、管樂、舞台音響、學校教育系統，還有專門辦比賽的……我們常常跟不同部門開會，學習各種經營模式，因為銷售一件樂器有如經營一個行業，每個都有特殊的商業性。」白天接觸古典樂團和學校音樂老師，晚上到夜店看搖滾樂隊表演，成為吳天延的日與夜。

在中國經營 Yamaha 的成功經驗，為柏斯招徠更多名字響噹噹的世界樂器名牌：1995 年是奧地利的貝森朵夫（Bosendorfer），1996 年有德美兩國的施坦威（Steinway & Sons），1998 年是日本 Kawai ……「最初他們看不到中國的樂器市場潛力巨大，經我反覆游說，後來都一一相信了。」

柏斯不僅進入內地市場賣樂器，更重要是，它打破了銷售樂器原本的遊戲規則。過去，進口樂器必須先進首都，再發貨到各省縣大城市，最後才抵達城鎮，如此層層推進，資金和貨物流轉緩慢，更遑論捉緊推廣新產品的時機。吳天延決定全部跳過去。他在福建家鄉僱了一隊人馬，從廣州開車把樂器直送全國各地，貨到收取現金，大大縮短樂器的銷售週期。與此同時，柏斯採用「前店後校」的模式，短短幾年便在數十個城市建立了分行，並且大力舉辦音樂表演和比賽，兼贊助音樂節活動，用音樂教育和使用示範貫穿品牌推廣。

吳天延說:「要得到全世界認同,比起做出一台好鋼琴更難──特別是那個琴上寫著『長江』兩個中文字……因為鋼琴從來是歐洲人的東西。」

可以想像,不少業者被惹毛,「全國零售點組織協會來對付我們,但是我知道這無可避免,柏斯必須走出自己的路,而且這也大大縮短了中國琴行經營業與世界接軌的時間。」

另一個無可避免是跟 Yamaha 分手,這促使柏斯在自己的路途上,再一次踏前。

「合作之初,柏斯一直對外宣傳『我們就是 Yamaha』,因為 Yamaha 太強大了。那時日本公司很器重,甚至開放經營模式給我們學習。可是上市公司幾年換一個老闆,1997 年終於改變政策,決定在內地自行開分店。我們依然擁有代理權,但發展受到重錘一擊。」

吳天延為培正帶來「柏斯數碼音樂實驗室」這個電子平台，讓師弟妹發揮創意。

當年人們有一個看法：沒有 Yamaha，柏斯便無法在中國立足。為了掙脫宿命，吳天延部署鋼琴研發。他相信柏斯必須擁有自家出品，才不至於被他人手握命脈，於是進口外國二手琴，訓練技師拆解翻新，兩年後嘗試自行生產。

要來的終於到來。2004 年，柏斯放棄 Yamaha 的中國代理權。

「今日 Yamaha 成為柏斯最大的競爭對手，但我感激它——它是柏斯的貴人。」從日本巨人學到的種種，吳天延用來茁壯柏斯，包括管理思維和銷售網絡，還有工作的嚴謹。「我未到 30 歲便取得 Yamaha 的中國代理權，在人生學習能力最強的十年接觸國際大公司，是很重要的成長經歷。」吳天延說。

進入鋼琴製造期的柏斯，從鋸木和鑄鐵開始重新學習，後來乾脆收購德國一家製琴廠，直接參詳他們細緻的生產線設計。2009 年，「長江」品牌正式成立，目標是在中國的土地上出產全球公認的好鋼琴。

「要得到全世界認同，比起做出一台好鋼琴更難——特別是那個琴上寫著『長江』兩個中文字。鋼琴從來都是歐洲人的東西，代表樂器之王，蘊藏著他們最深層的文化。我的目標是讓他們看到，中國的樂器也能表達有靈魂的音樂。」他朝著目標前進，終於在十年之後，把長江鋼琴帶到 2019 年柴可夫斯基國際音樂比賽的世界舞台，躋身世界一流鋼琴之列。

在走向國際的長路上，吳天延沒忘記回顧自己的起點。他以「柏斯音樂基金會」名義贊助培正中學修建「柏斯數碼音樂實驗室」，並添置了一批數碼鋼琴和電子鼓。實驗室在 2012 年開幕，除教學外，還是讓學生發揮創意的電子音樂科技平台。

假如，當日許願要「做老闆」的小小吳天延，穿梭時空看到今日的自己，會有什麼想法？吳天延哈哈笑道：「他可能看不懂，但準會大吃一驚，沒想到會那樣成功。柏斯是一個奇跡，把天時地利人和種種因素湊在一起。假如沒 Yamaha、假如沒遇上中國改革開放，就沒有今日的我……像發了一場夢。」

剩食・長者・
以愛相連
——董愛麗

董愛麗（左）與中學同學

如果我們以為學有所成，建功立業主要是靠運氣和聰明，因而常常自嘆命不如人，智慧不足甚而放棄理想，這是不對的。事實上靠運氣和聰明而獲得成功的例子，為數極少。多數成功的人士都是孜孜不倦，殷勤工作，善用時間，深信勤能補拙。在努力不懈之下，美滿的收穫是可以預期的。晶社同學，願與你們共勉。

羅曉梅老師，〈杜鵑花開的時候〉，1986 年《晶社同學錄》。

畢業 30 多年後，董愛麗首次返回母校，看到舊地舊物有一種「所有東西都縮小了」的奇妙感覺：回憶中的大斜路明明很長，遲到上學時跑呀跑，跑不到盡頭；拍班照的長樓梯明明很闊，從前二三百人站上去也不擠；課室明明很大，44 人排排坐剛剛好……

至於老師，她記得訓導主任羅曉梅最愛站在一旁觀察學生，確保他們沒搞蛋。羅老師有一種「嚴母」的獨特氣場，仁慈同時令人懼怕。她也記得溫純善良的甘麗芳老師，年輕又漂亮，在一眾資深老師中特別耀眼。董愛麗唸中學五年班時，甘老師初來培正，差不多和學生一起成長。她還在腦海藏著這個回憶球：老師清風拂面般走過，同學們群起怪叫，青春啊。

「在培正，我是循規蹈矩、高不成低不就的學生，成績不算非常優秀，但永遠不會『肥佬』（不合格）；最不循規蹈矩的一次是初中跟男同學打架，原因早忘了。平日不作聲、不起眼，老師不會特別留意我，他們關注最優秀和最頑皮那些……」

董愛麗語氣恬淡，聊起校園生活有一種平靜的快樂，譬如轉堂跑到鄰班聊天、放學後在操場打排球。中學的她，對於以後要走的路未有具體想法，只隱約感到將來大概會從商，畢竟家裏已經有一位典範——爸爸董偉是白手興家的股壇名人。

在這樣的家庭背景下，大學選修經濟似乎理所當然。1986 年，董愛麗到加拿大西安大略大學（University of Western Ontario）修讀金融，畢業後從事證券工作，確認了一件重要的事情：她不屬於那裏。「做過才知道，那些計算、利息、股票升跌，不是我的興趣。」成為母親後，她轉換軌道，創辦兒童健身中心，推廣創新運動課程來幫助小朋友鍛鍊體格，「做到某一個位置，事業穩定下來，人也踏入 40 歲了，我問自己，還可以做更多嗎？」問題是，自己的熱情在哪裏？

2009 年，董愛麗在主日崇拜中找到它。當時的施達基金會總幹事陳念聰醫生到教會講道，呼籲教友關顧貧窮人。陳醫生不是第一個那樣號召的人，董愛麗大概也不是頭一回聽見，可是那一刻她覺得自己被戳中，彷彿天上的父親正透過陳醫生來回應

朋友拍攝的一幀街頭長者照，觸動董愛麗展開創辦惜食堂的旅程。

自己的尋覓。她開始認真思考如何入手，直至看到友人拍攝的照片──在富裕的中環，老婆婆傴著背低下頭，用乾瘦雙手拉著兩個紙皮箱，一心一意地前行。鬧市是灰階的，唯獨婆婆的小小身影由一抹彩色勾勒出來，提醒我們那道被視而不見的社會底層風景。

「我知道就是他們了。」尊重長輩是董愛麗從小接受的家庭教育，她一直容易受長者觸動，這回乾脆把焦點放在撿紙皮的貧窮長者身上：「我研究怎樣幫忙，該給他們工作還是居住的地方？可是想來想去，覺得吃飽肚子最直接。辛勞無非為『搵兩餐』，如果解決了吃的問題，也許他們便不用再撿紙皮？⋯⋯這是我當時的想法。」

說「當時的想法」，因為這想法後來有調整。認識的長者愈多，董愛麗愈能體會他們的處境，除了飽餐還有心靈需要，而且撿拾紙皮背後有自食其力的生活尊嚴。一份熱餐用來介入和關顧貧窮長者很好，但這不可能完全回應他們的生活困難。

不過她首先要找到食物。

垃圾箱裏，不應出現食物。
可是我們丟進垃圾箱裏的食物卻愈來愈多⋯⋯
酒席過後那大桶垃圾，印象難忘。然而，這僅是客人吃剩了的「下欄」，還沒有計算廚房的「上欄」。走訪多間食店，得來一個印象：檔次愈低的食店，例如茶餐廳、快餐店或飯堂，因為成本緊紐，廚房相對會用盡食物資源；而檔次越高的酒樓或酒店，廚房會丟棄更多食物材料。
一條菜，飯堂會切開兩段炒，茶餐廳切頭切尾變成一截菜遠，但到了酒店，菜葉切走，外皮削去，只上青嫩嫩的小段菜莖。
一圍酒店酒席，廚房到底會丟棄多少食物？

陳曉蕾，《剩食》，2011 年。

董愛麗目睹不少餐桌上的浪費，尤其是酒店自助餐。想到有那麼多食物被棄掉，同時有那麼多人吃不飽，她打算把兩者結合來試試看。那年頭，「剩食」於香港人依然陌生，這兩個字尚未成為記者陳曉蕾那本著名採訪報道的書名，亦未被寫進政府

的施政報告。董愛麗必須從零開始說服機構捐贈。

「從第一天開始到現在，他們（酒店等捐贈機構）最關注的都是食物安全。只要守好這關，問題已經解決了一半。」商界出身的董愛麗為箇中利害把了脈，便找專門負責食物安全的公司建議處理流程，包括從接收剩食、翻熱到派發之間，「一來為捐贈者提供信心，二來保護受惠者，我們絕對不能好心做壞事。」

第一批受惠長者來自深水埗的社區中心，負責人願意借出那裏的小廚房。董愛麗租一輛小貨車把剩食從酒店接回來，然後和兒童健身中心一位同事捲起衣袖，合力翻熱和整理，忙出一頭煙，每日提供二三十個飯盒。這種小規模運作差不多維持了半年，成為「惜食堂」的雛型。

「那時沒想過成立大型慈善機構，或者造福很多人⋯⋯不是這樣。我只想盡點綿力，能幫多少便多少。」董愛麗說：「問題是，我一面做，一面看到需求之龐大，無論是需要食物援助的貧窮長者，抑或剩食太多的食肆。」

一個畫面令她下定決心擴大營運規模：派餐三個月後，到中心領飯的人愈來愈多，供不應求，董愛麗不得已對一位婆婆說：沒飯了、派完了。「她擘大嘴巴，錯愕地看著我，那副失望的樣子一生難忘。因為她，我們不能停留在 20 個飯餐。」

現時惜食堂每日生產9,000份熱飯餐和食物包,「但最重要不是數字,而是當中有幾多愛。」董愛麗(右)說。

惜食堂在 2011 年正式成立,從借用社區中心的小廚房開始,到目前經營多間食物處理工場,每天拯救超過 4,000 公斤剩食,用來生產 9,000 份熱飯餐和食物包。食物來源林林總總,有尺寸不一而被棄掉的雞翼,也有表面殘留細毛被嫌棄的肉塊,全部經過嚴謹檢測——這是對 9,000 個長者的健康負責。製成的食物,九成交給 200 個非政府組織伙伴代為派發,只有一成由惜食堂社區中心直接送出——對,後來惜食堂在深水埗成立了社區中心,每天大約有 300 個長者來訪;還有同事拉手推車送飯餐上門給獨居長者和老伴,至今接觸了 200 多人。

自從有了自己的社區中心,董愛麗的體會更深刻。

「以前長者領完飯盒便離去，現在他們可以坐下來慢慢吃，我知道他們的名字、人生故事和眼前的生活挑戰，能夠和他們建立關係。」

當中一個特別矮小的婆婆，最令董愛麗觸動。她關節變型，頭部和手部看起來都是歪歪的，來港多年依然鄉音濃厚，「婆婆有兒有女，卻獨自生活，三年間她天天來，卻因為一身病痛，吃不了多少。看到她坐下來進食，我真希望能帶給她一種感覺：世上還有關心她的人，願意奉上一份熱辣辣、乾乾淨淨、營養均衡的飯餐給她。」即使與親人同住，也可能各有困難。另一位婆婆告訴董愛麗，自己在家中是「爛茶渣」，只有這裏像天堂，她吃得「肥肥白白」，病痛也少了。

雖然只是簡單的一份熱飯餐，我們認識到的，是每位長者的生命故事，我們十分珍惜與每一位長者的相遇，聆聽他們令人觸動的經歷。我們期望服務能夠為長者的晚年生活，添上一份色彩。

惜食堂網頁

惜食堂提倡「停止浪費，解決飢餓」，這兩年再添一筆：「以愛相連」。「地球資源有限，我們每一個都沒有資格浪費。至於長者，如果天天只在家裏面對四面牆，到底有沒有吃飯、究竟吃進什麼，根本沒有人知道。」董愛麗說：「然而，填飽肚子只

能滿足長者的基本需要，愛和關懷才是我們真正該做的，這也是最難的部分。」

她希望飯餐成為長者參與社區生活的動力，從孤立的點，連成一條條線，最後織成一張互通的網，「公公婆婆來到中心，喜歡坐慣常的位子，遇上熟悉的人。這種相遇不一定要在惜食堂發生，可以在全港提供派餐服務的機構發生，從那兒開始建立人際網絡。」

人們愛問董愛麗，如何看待濫用服務的問題。「一個人進入中心，如果我們『查家宅』似的問長問短，確實可以防止服務被濫用，但也可能趕走一個急需幫助、但自尊心很強的人。」惜食堂只會做簡短訪問，譬如公公婆婆為何需要飯餐？有沒有接受政府支援？家裏是否有人照顧？中心社工也會安排家訪，看看除食物外有沒有別的需要，再作轉介。

「如果單說數字，我們做的遠遠落後於社會需求。要知道香港共30萬名貧窮長者，惜食堂援助的不到1/30。而香港人每日丟棄3,600公噸廚餘，這裏只回收了一個巴仙裏的百分之一，根本不足為道，要做的事情還有很多。」

董愛麗一頓，說：「但最重要的不是數字，而是當中有幾多愛。我常常這樣提醒自己。」

她說自己從來不感到無力，就像那個關於海星的故事：沖刷上岸的海星多如天上繁星，人們覺得徒勞而放棄救援，偏偏有人堅持把牠們一一放回水裏，能救一個便是一個。但她不僅在下游救「海星」，也在上游努力，譬如組織教育團隊到學校推廣惜食、關顧有需要的人，又邀請學生到惜食堂的廚房體驗。與此同時，惜食堂建立了行業的 best practice（最佳營運法），把經驗傳授給不同的城市和國度，讓施與受同享豐盛。

在學時「循規蹈矩不起眼」的董愛麗，最後創立了很不一樣的事業。「爸爸在商界打滾，知道風險，曾經擔心我好心做壞事，後來看到惜食堂做出點成績，也來廚房參觀，為我感到自豪……但我想自己不是很有勇氣，只是不怕死，想做就做。」

她在慈善事業上同行多年的伙伴原來也來自培正。「那時周頌文差不多是全級最出名的那個，為人外向，樂意幫忙，他在惜食堂成立幾個月開始便加入至今。」今日他是惜食堂的高級經理。

「培正留給我宗教的種子，還有『至善至正』的價值觀，教我做正確的事。」董愛麗說：「感恩神利用我這個器皿來做點事情。」

培正禮堂的魔法掌聲——葉望風

葉望風中學時開始投入魔術，
培正禮堂對他有特殊意義。

禧社，一個充滿節日氣氛的級社名字，從今以後會永遠深深烙印在我們一眾禧社同學的心裏。禧，意謂喜，從示部，英語譯為 Omen of happiness。作名詞的話，有祝福之意，即英語的 Blessings。最常用的四字詞是「恭賀新禧」，亦即 Happy New Year！一群年少無知的小五學生，於 2000 年這個喜慶歡騰的日子裏，糊里糊塗地舉手選出代表我們級、一輩子的級社名字——禧社。

2006 年《禧社同學錄》

培正中學的禮堂，對葉望風有特殊意義：那是一個魔術師的起點。

那年葉望風唸中六，老師知道他喜歡魔術，邀他參與福音週才藝表演。他預備了兩個項目，是那時很珍惜的、能夠拿到台上表演的所有功夫了。他先躲進廁所架設好道具，時候到了便一一搬上台，心裏默唸：不要「穿崩」、千萬不要「穿崩」……尤其是在老師頭上放水杯的魔術「消失的水」，練習時幾次失手，只能夠變出「落湯雞」。

那 15 分鐘的演出非常順利，觀眾全神貫注，掌聲笑聲不絕。他傾心傾意地關顧自己的魔術時，沒想到更大的魔術正悄悄在自

己身上發生。這是葉望風人生第一次獨自霸佔舞台，感覺竟然像回到家中那般自在，「原來只得自己站在台上、不受別人規管，很新鮮很亢奮，整個人都『生猛』（來勁）了，每一秒都是享受，別的經驗無可比擬。」

多年後他成為職業魔術師，依然偶爾憶起當日禮堂，彷彿此後得到的所有掌聲、歡呼和獎項，全都及不上第一回。

回憶總是美好的。

把回憶再往前翻，葉望風翻出跟魔術沾邊前的自己，一字蔽之曰：曳。那年中三，他發現新款鋁尺上可以寫字，於是埋頭苦幹，將之填滿密麻麻的英文名詞，幾次帶進試場。本來神不知鬼不覺，直至他終於按捺不住跟鄰座分享，鄰座又跟老友分享，鄰座的老友再跟自己的老友分享……如是者，中三各班都有知道這件「考試恩物」的老友記，大家很有隊形地一起帶鋁尺去應試。師長當然發現了，記大過。

「這是最嚴重的一次，氣得媽媽生病，足足服了九個月藥。」葉望風說：「但那時不知道錯……曳學生都是這樣的，想做便做，不顧後果。」

他成為老師的考驗。某次上潘嘉衡老師的歷史課，坐最後一排

的葉望風詩興大發，仰後伸手到壁報板上打油詩，題為《頌冗員》：「培正冗員何其多，豈止船長這一個……」「船長」是潘老師的花名。他寫詩本是自娛，沒想到下一堂換精英班用課室，同學馬億洋坐同一個座位，一本正經地告發「傑作」。葉望風罰寫悔過書，自以為用文言文書寫是抬槓，放學後卻被留下來解說大作，沒趕上踢足球。

終於可以離開學校了，小子一肚子氣走過培正道，遇著爸爸來電，便抓著手提電話對老師大罵特罵。爸爸默默地聽，最後才問：「罵夠了沒？知否潘 Sir 剛才打電話來，說到最後還稱讚你。」他的滿腔怒火頃刻熄滅，一時之間無言以對。

「當時感到罵錯人了，老師沒那麼壞。」那首詩令潘老師從此添了一個莫名其妙的花名，卻也令葉望風看到他的胸襟。「後來每次遇上，他都對我說『多得你唔少』，大家有說有笑。」

葉望風壓根兒沒想過自己可以原校升讀中六：他欠交功課記錄纍纍，除喜歡的歷史課外，大部分課堂都在睡夢中度過。中學會考[1]放榜那天他甚至睡過頭，來不及換校服便趕回學校。迎面來的同學笑的笑、哭的哭，都拿到成績了，他接過老師手上最後一張，發現自己考全班第一，同班同學中獨他原校升學。千萬個始料不及。

【1】香港考試局從 1978 年起舉辦香港中學會考，考評全港中五學生。這個公開試在 2011 年舉辦最後一屆，之後由香港中學文憑考試取代。

接下來的 9 月，他孤身一人加入精英班陣營，上學不再是從前那回事。原本一起搞蛋作樂的同學全部離校，成為葉望風一輩子的好友；至於新的鄰座馬億洋品學兼優，正是從前告發自己打油詩的那位。

「老師這安排很有意思，讓出名最乖和最曳的學生坐在一起，各有任務：他要把我變乖，我要教他變曳，否則他拔尖【2】入中文大學後鐵定被人欺負。那時沒有人陪我玩，他坐在旁邊就好像為我添了一件新玩具——上課時無論我跟他說什麼，他都不搭理，只會乖乖地督促我不要睡。」

有關「教壞馬億洋」這任務，說穿了是葉望風的演繹；可是「助葉望風變乖」這一環，卻是老師貨真價實的委託——今日的馬億洋給我們證實了。大學畢業後，馬億洋回母校教書，憶起老在堂上打瞌睡、彷彿來自另一個星球的同學：「我對他說，我也累啊，難道大家一起在堂上睡大覺？他答：好啊！」沒想到相處一年後，二人成為不可能的好朋友。葉望風帶點自豪地說：「據說他人生第一句粗口，是對我說的！」

孤獨也令葉望風更投入自學魔術。

第一次近距離接觸魔術，是舅父在家庭聚會中露兩手，「他不知從哪學來，演了幾招，我覺得太神奇了，整晚央他教我。那

葉望風（右）和馬億洋，一個最愛搗蛋，一個是成績優異的乖學生，因為老師的座位安排，成為了不可能的好朋友。

陣子我弟也在中學參加魔術學會，天天拿一個新的小道具來敲我的房門。」

回到培正跟同學說起，同學帶他到旺角的魔術店，「後來我才知道，旺角是全世界魔術店最密集的地方。」店員示範把硬幣在指掌間翻來轉去，一眨眼工夫把美金變港元。這是葉望風生平買下的第一個魔術道具：Scotch and Soda。

當年他的魔術只得三招：硬幣、骰仔和啤牌，任何時間看到他，他都在弄著當中一款，走路時練、坐車時練、小息時練，甚至在課堂上伸手進書桌櫃桶偷偷練習。只要聽到神秘的「叮噹」

【2】香港中文大學在 1984 年推出「中六暫取生」措施，取錄中學會考成績優異並且已經完成一年中六課程的二年制預科生。

聲響，老師便知道又是葉望風了。

「每天放學我都跑到魔術店，天天想學新招，可是漸漸發現，那些道具初看神奇，看穿了不外如是。後來我問店員有沒有不用道具的魔術，於是開始買書和影碟練習手法。」道具和手法是魔術的兩大類別。愈純熟的魔術師愈會隱藏手法，讓人看到表面的輕描淡寫，而不是裏子的苦功。這是另一個階段的學習，一字曰：勤。

「練習手法就像學拳，如果只出拳 1,000 次，是叫腦袋迫你的手做事；可是 5,000 次後，肌肉開始擁有自己的記憶；待你出拳 10,000 次，那手法終於屬於你了。」說到這，他掏出啤牌隨手一拉，「我以前做不到 card spring（拉牌），這是不斷做不斷掉不斷撿牌的結果。至於飛牌，我把幾套牌砌成一疊練習，飛完用掃把一一掃回來，練到手指生繭。」

中學生也是超齡小屁孩──有同學一心一意要拆穿西洋鏡、有同學用網上看到的來挑戰他，他則爭強好勝不服輸。某回同學問起一個厲害的魔術，葉望風嘴上說會，回家趕緊開 YouTube 自學，苦練兩個月再回校炫技。他享受箇中的成功感：原來用魔術跟人溝通，會得到那樣的反應。

「魔術是我人生第一個真正的興趣。從來沒有別的東西，令我那

葉望風（左二）家人是魔術師最初的觀眾，尤其是始終相信兒子、鼓勵他堅持下去的爸爸（右二）。

樣堅定地不斷尋求。」

而在他背後，還有一個堅實的支持者：爸爸。

打從兒子學魔術第一日起，爸爸就一直支持。葉深銘博士是做事嚴謹的歷史學者，支持兒子的方式也很實在：魔術初哥需要觀眾，他就當觀眾，當大家都看膩了想逃，他堅持「坐定定」一看再看。

「有時十分鐘前才演了一回，轉頭我又拉人來看。媽媽說不要了，但爸爸每次都說好。那時『甩漏』（失手）多多，他卻總是說：『勁喎！點解嘅？』我懷疑他是裝的。也許是因為，從前三分鐘

熱度的兒子終於認真起來，令爸爸覺得很神奇吧……我也覺得神奇。

「小時候我害怕爸爸，他貪玩、但嚴厲，很多事情我都不敢告訴他。魔術成為父子間某種溝通橋樑，後來我會主動找他談事情，他的支持對我很重要。」

葉望風沒把魔術看成職業選擇，那時他想要像爸爸那樣夢想成為大學講師——雖然自己從不是上學的超級粉絲，「爸爸令我覺得在大學教書有型，家裏還擺著他當年成績 A++ 的論文，那時我常常揹著大書包替他到香港大學借書……真要用搬的，因為每次可以借 50 本，同學都以為我勤力得不得了。」

中學畢業後，葉望風到香港中文大學修讀文化研究，畢業論文題為 *Passion and Magic*，取自已故魔術大師 Tommy Wonder 經典著作 *The Books of Wonder* 的章節名稱。Tommy Wonder 本名 Jos Bemelman，小時候看電視節目愛上魔術，開始自學和表演，長大後更進修形體、舞蹈及舞台技巧等，創作屬於自己的表演道具和流程，對於 "misconception"（錯誤引導）這個魔術概念，演繹尤其精闢。對他來說，好魔術帶給觀眾的，遠多於一場令人迷惑的表演。

踏著大師的腳印，葉望風把自己的熱情跟文化研究和哲學共冶

一爐，希望成為某種自我表述；可惜套用他本人的說法：最後落得「炒埋一碟」。升上大學後，他開始頻頻參與魔術比賽，獲得不少獎項，還成為電視節目魔術表演的新寵兒；至於論文，則每每來到約見指導老師前的一小時，方在大學飯堂坐下來拼湊。他全情投入魔術，卻沒有時間跳出來好好研究它。

「但是我記住老師這句話：試試在人生不同階段重寫這篇論文，作為自己的記錄。雖然我一直未曾真正動筆重寫，卻視之為自我提醒。」

以一個存在不足一世紀的新興學科，來研究已出現了 4,700 多年的古老藝術，一點也沒有矛盾的地方。因為文化研究與魔術有個在根本原則上相類的地方，兩者都在不斷探問事情的可能性，同一事情還有哪一種敘述及詮釋方向：從不滿足於現狀，推陳出新，敢於對抗經典和權威。我喜歡魔術、哲學與文化研究，我嘗試以魔術談論生命的意義。

葉望風畢業論文《熱情與魔術》

魔術之於葉望風，從來有一種叛逆的魔力。畢業在即，表演工作不斷找上門，他也開始思考職場上叛逆的可能：「21 歲的葉望風明明想做魔術師，如果跑去當教師，60 歲退休時問他何以如此過一生，他能回答嗎？我覺得他答不來。」就在這一問一答間，他做了抉擇：用兩年時間建立自己的工作室，開展表演事業。

葉望風的個人網站羅列他在魔術界的成就，長長一列包括：
2011 年香港近景魔術公開大賽冠軍和 2012 年 FISM 世界魔術聯
盟亞洲冠軍賽亞軍；參與《Yeah Show 2012 ──冇有怕》大型音
樂佈道會和無綫電視《電視廣告頒獎典禮》等演出；表演足跡
遍及英國、美國、日本、中國內地等地……表面看來非常風光。

「其實不，挫折多著。」葉望風說。

先是 2012 年。畢業後經過一輪衝刺，他赫然發現手上工作所剩
無幾，彷彿先前賺回來的知名度已經消費殆盡。

「記得培正老師來訪工作室，說了一句『你整個狀態都像遊戲人
間』，當年我以為是讚美，後來回想方才知弊。那時我真的像
玩不是工作，既沒事業發展的概念和藍圖，性情也變得囂張，
甚至在舞台上戲弄觀眾。待完成最後的駐場表演，加上魔術學
生差不多同時升學海外，我連基本收入也沒了。像是上帝給的
功課。」

翌年暑假，他跑到美國拉斯維加斯魔術學院 Magic & Mystery
School 深造，希望為事業衝刺，但回來還是沒有起色，唯有把
工作室關門大吉，算是履行當初的兩年之約。這決定得到全家
贊成，反對的只有爸爸，「他覺得我既然喜歡魔術，便該堅持
多一會。」

最後把他留下來的，卻是香港電視網絡有限公司創辦人王維基。一天晚上，弟弟敲房門告訴哥哥：香港電視在招人。那時葉望風已投考督察和消防隊長，過關斬將，差不多來到最後階段，不準備回頭望了——可是偏敵不過真正喜歡的東西。他到香港電視面試，在一眾高層面前表演魔術，王維基問：「如果我開一個節目，每朝上班前給大家在地鐵看兩三分鐘，你有沒有那麼多魔術？」

「我答有！因為一個道具只有一個魔術，但一個手法卻有千種應用方式。」葉望風說：「一週後他的助手打電話來找我簽約，我彷彿重現光明。」

香港電視打後的劇情發展，[3]大概全香港都知道了。至於葉望風的劇情發展，也一樣峰迴路轉。他歡天喜地以為重投表演事業，放棄了紀律部隊的職位申請，沒想到香港電視馬前失蹄，自己再次被扳回原形。後來無綫電視曾接洽他拍魔術節目，讓他又興奮了一陣子，甚至重新租下工作室，可惜同樣在最後關頭告吹。重重的連摔兩回，好痛。

但原來，葉望風跟香港電視的故事未完。

【3】2009 年年底，本港三間電訊商向廣播事務管理局申請免費電視牌照，當中城市電訊主席王維基最積極，在 2012 年率先成立香港電視網絡，招兵買馬，並且拍攝十數齣電視劇。然而，翌年行政會議拒絕其申請，行政長官梁振英只提出「一籃子因素」這説法，沒透露具體原因。政府被指黑箱作業，激發強烈的社會迴響。2013 年 10 月 25 日，大批市民包圍政府總部要求解釋，主辦單位指當晚共 12 萬人參與。香港電視後來改為營辦網上購物，2018 年正式宣佈放棄電視業務。

「魔術建立了我」，葉望風說。

2014 年底，失意電視市場的王維基在"HKTV"這個名字後面添一個"mall"字，決定用這個平台經營網購。他沒忘記那個會變魔術的小子，邀他為開台禮設計舞台特效——首先逐一變出商品，最後在大沙發上變出王維基本人。葉望風建議兩個方式：一個須要王維基參與練習，另一個毋須練習但效果稍遜。

「王維基選要練習的那個，這個角色原本為專業女舞蹈員設計，因為要躲進狹小的空間。為了表演，他特別用彈性布料訂做新西裝，練習時坐進去半小時。」他說：「你就知道，這個人不簡單。」

雖然整個環節只有五分鐘，但葉望風很久未曾有過這種預算，

來做一個高質素的魔術表演了。這次演出成功成為他職業生涯的轉捩點：現場觀眾多是廣告客戶，打後一年他不斷為各間公司設計「把老闆變出來」的魔術，還特製大型道具讓老闆們好整以暇地現身——畢竟像王維基那樣全情投入的老闆，不多。

終於，葉望風有能力添置昂貴的魔術器材，並且發掘香港以外的商機。2017 年，他擊敗中港台 6,000 多名魔術師和魔術愛好者，加入內地一個由電視台舉辦的大型魔術比賽，不單從中外高手身上學習，也讓另一個市場看到自己對魔術的熱情——當中一役，他特地坐 40 多個小時【4】飛機來回南京和洛杉磯，只為到從前的魔術老師家中上七小時的課，學習老師創作的「飄浮」魔術。因為時差，他在飛機上度過兩次 28 歲生辰。

「回來時，我看起來簡直不像個人，但非常享受。那是我近年為魔術做過最熱血的事情。」葉望風說起，依然語帶興奮：「今時今日，知識傳播再簡單不過，但是最好的魔術還是要在人與人之間教授，否則會失去神髓。」

雖然他最後沒在比賽節目中表演飄浮，卻感到魔術魂被重新喚醒了。

It is highly desirable not to push spectators into the role of detective on the trail of your secrets, because it can make your job harder; and,

---

【4】從南京直航洛杉磯需時 12 小時，不過葉望風的行程安排緊張，最後只能坐上非常轉折的班次。

培正禮堂的舞台堪稱葉望
風魔術的起點，他每每在
心裏回顧，莫忘初衷。

what is more important, it can prevent your audience from experiencing
other elements of your performance, elements capable of far greater
entertainment potential than mere puzzlery can offer. Good magic has so
much more to give than puzzlement.

Tommy Wonder and Stephen Minch. The Books of Wonder, 1996.

我們的訪問在培正中學進行，葉望風說，自己的狀態從幾年前
的高峰稍稍回落，開始自我詰問：「這陣子在內地不停演出，
很累，有時聽到出場音樂已經想轉頭走。當年我學魔術時，世
界好像簡單一點，大家也比較有耐性看完一整套表演。現在卻
有一種感覺：世界不再需要魔術，也不再需要我們這些魔術師，
因為現實已經很魔幻，譬如科技——有什麼比 iPhone 更神奇？」

如果葉望風沒有魔術會怎樣？他吸一口氣，說：「我倒沒想過這個問題……其實是不可以的，對我來說不可以。我很需要魔術，因為魔術建立了我。又或者，現在的我只需要一次回顧，甚至重寫從前預備的表演台詞，重整自己。」

譬如再次站到培正禮堂的台上，感受當年帶給觀眾的快樂，那樣的單純直接：「這裏留給我最重要的是熱情。我去到哪兒都會提起這個舞台，它是起點。」

培正自上世紀 20 年代起，每年都為小學五年級學生成立級社，一直沿用至中學畢業，期望學生畢業後維繫同窗之間的感情，加強與母校之間的聯繫，將學校傳統薪火相傳。學生會在校內舉行級社成立典禮，於老師、家長、學長等見證下命名。每個級社均有自己的社旗，社旗皆由學生設計。

畢業年份	社名
1920, 1921, 1922, 1923	有級社組織，沒有命名級社名稱
1924	群社
1924	兌社（師範班）
1925	勵社
1926	奮志社
1927	會仁社
1928	樂群社
1929	集益社
1930	敬業社
1931	競社
1932	善群社
1933	奮社
1934	蔭社
1935	覺社
1936	翔社
1937	藝群社
1938	融社
1939	鵬社
1940	毓社

1941	磐社
1942	斌社
1943	鋒社
1944	昭社
1945	毅社
1946	雁社
1947	虹社
1948	建社
1949	熹社
1949	堅社
1950	弘社
1951	明社
1952	偉社
1953	誠社
1954	匡社
1955	忠社
1956	瑩社
1957	輝社
1958	銳社
1959	光社
1960	正社
1961	善社
1962	旭社
1963	真社
1964	協社
1965	耀社
1966	皓社
1967	恆社
1968	仁社
1969	昇社

1970	謙社
1971	剛社
1972	賢社
1973	勤社
1974	基社
1975	昕社
1976	捷社
1976	敏社
1977	傑社
1978	英社
1979	榮社
1980	穎社
1981	勁社
1982	駿社
1983	凱社
1984	博社
1986	晶社
1987	德社
1988	曦社
1989	禮社
1990	騰社
1991	勇社
1992	義社
1993	學社
1994	頌社
1995	健社
1996	頤社
1997	啟社
1998	鷹社

1999	樂社
2000	展社
2001	慧社
2002	亮社
2003	信社
2004	雄社
2005	廉社
2006	禧社
2007	驚社
2008	希社
2009	軒社
2010	迪社
2012	卓社
2013	翹社
2014	雋社
2015	哲社
2016	創社
2017	愛社
2018	臻社
2019	君社
2020	奕社
2021	盛社
2022	潔社
2023	悅社
2024	恩社
2025	安社
2026	超社

鼓鑄群材備請纓——悠悠歲月裡的紅藍兒女

責任編輯	趙寅
書籍設計	李嘉敏
作者	蘇美智
攝影	譚嘉銘、歐震國
出版	三聯書店（香港）有限公司
	香港北角英皇道四九九號北角工業大廈二十樓
	Joint Publishing (H.K.) Co., Ltd.
	20/F., North Point Industrial Building,
	499 King's Road, North Point, Hong Kong
香港發行	香港聯合書刊物流有限公司
	香港新界大埔汀麗路三十六號三字樓
印刷	美雅印刷製本有限公司
	九龍觀塘榮業街六號四樓 A 室
版次	二〇一九年十一月香港第一版第一次印刷
規格	大三十二開（140mm × 200mm）二〇〇面
國際書號	ISBN 978-962-04-4568-2

三聯書店
http://jointpublishing.com

JPBooks.Plus
http://jpbooks.plus